AF341661

SIÉGE DE DANTZICK.

De l'imprimerie de RENAUDIÈRE.

SIÉGE

DE

DANTZICK, EN 1807;

PRÉCÉDÉ

D'UNE INTRODUCTION SUR LES ÉVÉNEMENS QUI ONT AMENÉ LES FRANÇAIS DEVANT CETTE VILLE, ET D'UN PRÉCIS SUR L'HISTOIRE DE DANTZICK;

ORNÉ D'UNE CARTE;

RÉDIGÉ SUR LE JOURNAL DU SIÉGE DE M. LE MARÉCHAL DUC DE DANTZICK, ET SUR LES MÉMOIRES AUTHENTIQUES DE PLUSIEURS OFFICIERS GÉNERAUX;

PAR NIBUATNIAS, ANCIEN MILITAIRE.

A PARIS,

Chez PLANCHER, Libraire, rue Poupée, No. 7.

1818.

[illegible]

[illegible]

[illegible]

[illegible]
[illegible]
[illegible]
[illegible]

[illegible]

[illegible]
[illegible]
[illegible]

[illegible]

[illegible]

[illegible]

AVERTISSEMENT.

NAGUÈRE encore orgueilleuse des victoires remportées par ses invincibles armées, la France dictait des lois à l'Europe, et, superbe, levait sa tête altière au milieu des nations humiliées et vaincues. A cette longue période d'honneur et d'illustration, nous avons vu tout à coup succéder des revers inattendus, et la fortune volage rechercher des drapeaux qu'elle avait dédaignés pendant vingt-cinq ans. Le bruit de nos exploits avait retenti jusque dans les régions les plus éloignées; celui de notre chute a rempli l'univers d'étonnement, et rendu toutes les nations attentives. Grande et sublime leçon qui tournera peut-être au profit du bonheur des peuples, puisque l'incroyable catastrophe dont nous avons tous été les témoins et les victimes, prouvera au monde qu'il n'est point de succès constans, et qu'il est à la gloire elle-même un terme et des bornes que l'homme ne saurait dépasser.

L'arbitre de l'Europe en était devenue l'esclave, et le peuple, qui, pendant un quart de siècle, avait rassemblé sur lui-même toutes les gloires anciennes et modernes, était, par un enchaînement de causes qui feront le désespoir de nos neveux, retombé dans un tel excès d'humiliation, qu'enivrées par leurs insolens succès, des nations voisines ont hésité si elles lui laisseraient son rang parmi les puissances, et si elles ne partageraient point ses provinces, après les avoir envahies. Grâces à la politique d'un souverain qui voyait ces projets de partage avec des yeux inquiets, la France est restée intacte dans ses anciennes limites; mais les Français, dont les armées avaient six fois conquis et pacifié l'Europe, les Français, dont l'illustration militaire importunait encore les alliés, furent obligés de recevoir la condition qui leur fut imposée de ne plus avoir

a.

d'armée. Elle fut en effet acceptée cette condition humiliante qu'il eût été si facile de repousser, et la France est demeurée trois ans sans force militaire, et pendant trois ans elle a été exposée sans défense à tous les ressentimens et à la vengeance de cent cinquante mille garnisaires, encore irrités de leurs défaites passées et du long déshonneur de leurs armes.

L'Europe entière, assemblée à Paris lorsque ses souverains nous dictaient impérieusement une condition aussi injurieuse, a pu remarquer avec étonnement quelle différence existait entre les bandes mercenaires qu'elle avait envoyées contre nous, et ces soldats citoyens, qui furent jusqu'à leur dernier jour l'honneur et les zélés défenseurs de la patrie. Forcés par une mesure aussi étrange qu'inusitée d'abandonner subitement ces vieux drapeaux français sous lesquels ils avaient obtenu tant de triomphes, les guerriers de la Loire, par leur sublime résignation dans cette grande circonstance, attestèrent solennellement qu'ils étaient toujours restés les enfans de la nation, et qu'instrumens de gloire, ils n'avaient jamais été ceux de la tyrannie. Nous les avons vus ces nobles vétérans de la victoire, déposer silencieusement leurs armes, autrefois si terribles, et revenir dans leurs foyers avec le même ordre et le même sang-froid qu'ils montraient autrefois en livrant et gagnant des batailles. Ils n'ignoraient pas sans doute qu'on n'attendait que leur dispersion pour décimer arbitrairement leurs chefs, et répandre sur eux-mêmes tous les venins empoisonnés de la calomnie. Mais ils se sont souvenu que la première vertu du soldat est l'obéissance. C'est donc en obéissant qu'ils repousseront d'avance les traits de leurs calomniateurs. Ils laisseront à la postérité, aux ennemis même qu'ils ont vaincus, le soin de venger leurs chefs, assez riches de renommée pour ne point regretter la mort; et eux-mêmes oublieront l'injustice de leurs persécuteurs, en cultivant toutes les vertus civiles, en devenant le modèle des citoyens, après avoir été celui des militaires.

Tel a été en effet l'honorable spectacle qu'ont donné au

nouveau gouvernement et à l'Europe les fidèles défenseurs de
la patrie, les glorieux membres des anciennes armées nationales de la France. Obéissance et oubli, voilà quelle a été la
base de leur conduite publique et privée. Eh! plût au ciel
qu'on eût mis ce dernier principe en pratique à leur égard!
Des cœurs français et pleins d'amour pour l'honneur de leur
pays, n'auraient pas eu à gémir sur tant d'injustices et de
vengeances qui ont appelé sur nous le mépris des nations voisines, et excité leurs chefs à rançonner impunément un peuple
qui laissait lâchement persécuter ses protecteurs naturels! Cet
excès de honte a été poussé à un tel point, que nous avons vu
un temps encore trop peu éloigné, où il était dangereux d'être
connu comme ayant pris part aux immortels exploits des
armées françaises, et des braves ont été publiquement assas-
sinés sans que leurs vils meurtriers aient été recherchés ou
punis (1). Des pygmées, qui se croyaient grands parce qu'ils
étaient montés sur les échasses de l'étranger, affichèrent la
risible prétention de se connaître en gloire, et voulurent persuader à la France que celle acquise par les vainqueurs d'Austerlitz ou d'Iéna n'était point légitime. Ils prétendirent plus :
ils voulurent prouver qu'elle était criminelle, et, le pouvoir
en main, ils se sont cruellement vengés du tort que les héros de
la France avaient eu de la rendre grande, quand eux-mêmes
se cachaient dans l'ombre pour ne point la servir. Que de viles
menées, que d'intrigues méprisables, que de conspirations (2)
même n'ont point été ourdies pour faire trouver coupables ceux
qu'à toute force on voulait perdre, parce qu'on ne pouvait leur
pardonner cette vénération profonde que la nation gardait au
fond de son cœur à ces illustres malheureux. Cependant se
sont-ils démentis, les nobles guerriers de la Loire? ont-ils
repoussé la vengeance par la vengeance? ont-ils enfin tiré l'épée
pour punir leurs calomniateurs? Non, ils sont restés calmes

---

(1) Brune, Lagarde, etc. !!
(2) Lyon, etc. !!

et impassibles, ils ont opposé le mépris à l'arrogance, et c'est en prenant les armes pour le gouvernement au nom duquel on osait les persécuter, qu'ils ont prouvé combien on avait tort de les craindre et de les négliger. La patrie entière a applaudi à leur généreux dévouement, et la France a tressailli en reconnaissant ses braves.

Nous aimons à croire que ce sont ces mêmes preuves de dévouement, plus encore que l'intervention d'un ministre, justement jaloux de la gloire nationale à laquelle il avait lui-même contribué, qui ont engagé le gouvernement à rappeler autour du trône ces mêmes braves qui n'auraient jamais dû en être éloignés. Le prince qui a rendu un si bel hommage aux guerriers français, en assurant que dans son exil il avait souvent été fier de leurs exploits, méritait d'être enfin détrompé, et d'avoir aussi la valeur pour protectrice de sa couronne. Quoiqu'il en soit, il a suffi de voir arriver au ministère un Français, pour qu'on fût certain que les plans anti-nationaux du ministre étranger seraient rerversés, qu'une constitution plus libérale serait accordée à l'armée, et qu'enfin on aurait *une armée*. Les espérances de la nation n'ont point été trompées. L'égalité de droits a été proclamée ; un soldat, par la seule force de son génie, pourra encore devenir maréchal de France, et les parasites des cours n'auront plus seuls le privilége de commander à nos guerriers. Un ministre, qui lui-même s'était élancé du sein du peuple au sommet des honneurs militaires, et avait été fait maréchal de France sur le champ de bataille, ne pouvait point favoriser les droits illusoires de la naissance aux dépens de ceux plus légitimes du talent et de la bravoure.

Depuis que l'espoir, et presque la certitude d'être rappelés dans l'armée française régénérée, est rendu à nos anciens guerriers, nous les voyons sortir de leurs retraites, et montrer avec orgueil ces recommandables cicatrices reçues au champ d'honneur, et témoignages glorieux d'une vie consacrée toute entière au service de la patrie. Ils ont répandu leur sang dans cinquante batailles, et attentifs à la voix d'un de leurs anciens chefs, ils viennent offrir encore les restes de celui qui coule dans leurs veines. Rare et touchant hommage rendu par la valeur à l'amour pour notre belle France ! N'est-il pas la preuve la plus éclatante que c'est toujours pour leur pays, et non pour un seul homme, comme on le leur a bassement reproché, qu'ils ont affronté la mort, et cherché la gloire dans les contrées les plus éloignées de l'Europe ?

Puisque, par les efforts d'un ministre qui connaît les véritables intérêts de la France, nous allons enfin, après trois ans de viduité et d'abandon, voir se réorganiser une armée nationale, n'est-il pas utile de s'occuper du soin de ramasser tous les matériaux qui pourront servir à l'histoire des prodiges opérés par l'ancienne armée ? Une telle histoire ne sera-t-elle pas le meilleur livre à mettre entre les mains des jeunes officiers et sous-officiers qui se trouveront étrangers aux merveilles des vingt-cinq années qui viennent de s'écouler ? Ne sera-t-elle pas le moyen le plus efficace pour exciter l'émulation parmi ces jeunes courages ? Sa lecture ne leur inspirera-t-elle pas l'envie de surpasser s'il est possible, ou au moins d'imiter leurs aînés dans la carrière de la gloire ? Et ces aînés, qui rentreront dans la carrière, en voyant ainsi célébrer leurs belles actions passées, ne ressentiront-ils pas la noble ardeur de faire mieux encore, et d'ajouter de nouvelles pages à l'histoire de leurs premiers exploits ? Les lauriers cueillis à Marathon par Miltiades troublaient le sommeil de Thémistocles, et c'est à cette généreuse émulation qu'ils inspiraient au héros athénien que la Grèce a dû peut-être cette bataille de Salamine qui l'a sauvée. César pleurait en songeant qu'à trente-trois ans Alexandre avait fait la conquête de l'univers, et César serait plus grand qu'Alexandre s'il n'eût pas renversé la constitution républicaine de son pays. Qui sait si de même le récit des exploits des derniers généraux français, en frappant vivement l'imagination de leurs jeunes successeurs, ne suscitera pas du milieu de nous une seconde fois, un Desaix, un Kleber, un Moreau, un Masséna, et ce guerrier lui-même, qui eût été plus grand que les héros anciens et modernes ensemble, si, de même que César, il n'eût pas commis le crime d'avoir asservi sa patrie?

C'est donc une idée grande et généreuse que celle de composer l'histoire des guerres de notre révolution. D'excellens esprits s'en sont déjà occupés : et, dans quelques années, les jeunes défenseurs de la patrie trouveront, dans les ouvrages militaires que l'on publie depuis deux ans, une lecture aussi savante, aussi utile qu'elle sera agréable pour eux. De ces ouvrages déjà publiés, ou sur le point de l'être par livraisons périodiques, nous n'en citerons que trois. Le *Précis des événemens militaires*, de M. le général Dumas, le *Manuel des Braves*, publié chez Plancher, et les *Victoires, Conquêtes*, etc., dont Panckoucke est l'éditeur. Le premier nous semble devoir être, quand il sera terminé, l'objet des études constantes des officiers de toutes armes. Par la manière dont M. le général Dumas l'a conçu, ils y trouveront toujours les leçons et les préceptes à côté du récit des faits. Cet ouvrage réunit donc la pratique et la théorie de l'art de la guerre. Le *Manuel des Braves*, ainsi que son titre l'annonce, est vraiment composé pour devenir le *Bréviaire* des sous-officiers et soldats. Le petit nombre des volumes, la modicité du prix, le mettent à la portée de tout le monde; l'agrément du style le fera lire avec plaisir par ceux mêmes qui ne sont pas militaires. Les *Victoires, Conquêtes*, etc, nous paraissent tenir le milieu entre ces deux ouvrages. Comme dans le premier, le récit des faits se trouve aussi enrichi de principes de tactique et de stratégie.; mais ils ne le surchargent pas au point que la lecture en soit fastidieuse aux personnes étrangères au métier de la guerre. C'est en un mot un ouvrage de bibliothèque qui pourra se lire dans tous les temps avec fruit et intérêt.

En faisant ces réflexions, notre intention est loin, ainsi que quelques-uns de nos lecteurs l'ont peut-être déja imaginé, de vouloir annoncer le projet de faire nous-même une histoire des guerres de la révolution; nous voulions seulement démontrer que c'est avec raison qu'on s'en est occupé, et que les militaires français retireront de ces ouvrages des avantages réels. Ne les ferait-on d'ailleurs que pour rendre aux armées françaises le juste tribut d'éloge qui leur est dû, ce serait toujours une œuvre patriotique, et qui mériterait la reconnaissance de tous les amis de la patrie. C'est dans cette même vue que nous avons entrepris de publier l'historique du siége de Dantzick en 1807, par le maréchal Lefebvre. Ce siége est l'un des plus célèbres d'une guerre, où tout fut pour ainsi dire merveille et prodige. Possesseur de renseignemens précieux sur cette grande opération militaire, nous aurions cru manquer à nos frères d'armes, si nous ne leur en faisions point part. Nous présentons donc aux militaires français notre ouvrage comme le *denier du soldat*; heureux si le grand intérêt du sujet peut faire excuser la faiblesse de notre plume, et si, en donnant le récit de ce siége, l'un des plus beaux titres de gloire du maréchal Lefebvre, nous pouvons prouver que nous aussi nous aimons notre patrie, et ne cesserons jamais de nous intéresser à sa gloire et à sa prospérité.

Afin d'éviter les vaines interprétations de ces hommes qui voudraient, aujourd'hui encore, plonger dans l'oubli les exploits des dernières armées françaises, nous finirons cet avertissement par une observation qui nous paraît essentielle. Le *Siége de Dantzick*, que nous offrons au public, était composé *avant les événemens qui ont eu lieu*, *en* 1814. Il a été écrit *pendant la mémorable campagne de Russie*, *en* 1812, et quelque temps avant la triste catastrophe qui l'a terminée d'une manière si contraire aux vœux de tous les vrais Français. Cette annonce que nous nous empressons de faire sera l'explication naturelle de la marche que nous avons suivie dans la composition de cet opuscule. Sans doute nous eussions pu faire disparaître les expressions et les vérités qui pourront déplaire à certains esprits. Mais ces sortes de concessions nous paraissent être autant de lâchetés, et celui qui eut l'honneur d'être le frère d'arme des vainqueurs de l'Europe, se sent incapable d'en commettre aucune. Nous donnons donc le siége de Dantzick sans y faire aucun changement. La vérité historique y gagnera sans doute si la susceptibilité de quelques individus s'en trouve offensée. Honte éternelle à ceux qui se croient intéressés à ce qu'on ne rende pas à la valeur française toute la justice qui lui est due (1) !

---

(1) Si malgré la précaution que nous avons prise de citer la date de cet opuscule, quelques Français timorés, ou qui feignent de l'être, nous faisaient un crime d'avoir *loué* Bonaparte en 1807, nous leur objecterons le passage suivant d'un plaidoyer de M. Marchangy, passage que tous les écrivains, qui auront à parler de l'ex-Empereur des Français, doivent regarder comme leur sauve-garde et leur justification.

...... « Nous n'attaquons pas le sieur Esneaux, parce qu'il a fait » l'éloge de Bonaparte. Si ce dernier avait des qualités, on peut en » convenir assurément sans être séditieux. Les Bourbons, qui ont si » franchement adopté la gloire de nos braves, et enlacé les lys à leurs » lauriers, ont le cœur assez grand, assez magnanime, pour souffrir » qu'on parle des talens militaires d'un homme qui commanda long-» temps nos armées. Il est donc libre aux écrivains de devancer l'his-» toire sous ce rapport, et si c'est trop peu que de restreindre son » éloge à ses conceptions guerrières, on ajoutera, si l'on veut, qu'il » sut opposer la terreur à la terreur, enchaîner l'hydre révolutionnaire, » la forcer de venir ramper bassement à ses pieds, et imposer silence » aux clameurs de 93. »

Extrait du discours prononcé dans l'affaire de M. Esneaux, prévenu d'opinions séditieuses dans une brochure intitulée : Réflexions sur le procès du sieur Scheffer, *par M. Marchangy, au tribunal de police correctionnelle, section des délits de la presse, audience du samedi 7 février 1818.* (Voyez le discours textuel de M. Marchangy dans le Journal des *Annales politiques, morales et littéraires,* du dimanche 8 février 1818, pag. 2, colonne première).

INTRODUCTION.

La rupture precipitée du traité d'Amiens, quelques mois après sa signature, avait prouvé à la France qu'elle ne devait pas espérer de paix durable tant que l'Angleterre, attaquée sur son propre territoire, ne ressentirait point les effets de la vengeance de la grande nation. Aussi à cette nouvelle la haine invétérée et comme héréditaire qui tient divisés les deux peuples s'était réveillée avec toute son énergie dans le cœur des Français. Un cri universel d'indignation se fit entendre du midi au nord, et tous ces guerriers qui avaient vaincu l'Europe demandaient à son tour de vaincre l'Angleterre. Jamais guerre ne fut plus désirée par un peuple ; jamais le moment de l'attaque ne fut attendu avec plus d'impatience. L'ancien Caton demandant au sénat de Rome la ruine de Carthage est l'image de tous les Français réunis par le même besoin, celui de la vengeance contre une nation perfide à laquelle ils atribuaient avec raison tous les malheurs et les crimes de leur révolution. De toutes parts et sur tous les points du territoire, des milliers de bras s'offraient pour faire une guerre à mort à l'Angleterre, et le projet d'une descente aux îles britaniques était le but de tous les vœux, de tous les efforts.

Ce projet de descente en Angleterre avait été vivement adopté par l'homme extraordinaire qui présidait aux destinées de la France. Bonaparte, témoin des horribles perfidies commises par les Anglais à Toulon, où il faisait ses premières armes, en 1793, avait conçu pour eux une haine trop en harmonie avec celle des Français pour qu'il ne saisît point avec empressement l'occasion de la satisfaire. N'avait-il pas, d'ailleurs, a venger cette armée d'Égypte dont l'Angleterre avait causé la perte en suscitant contre elle toutes les forces de l'empire ottoman? Le premier consul répéta donc avec toute la France qu'il fallait châtier l'orgueil britannique, et dans tous les ports et sur toutes les rivières, on s'occupa sans relâche de tous les préparatifs qui pouvaient faire réussir ce grand projet d'attaque qu'on venait d'adopter.

On fut près de deux ans à achever ces préparatifs, et cependant l'ardeur avec laquelle les Français travaillaient à les terminer ne s'était pas un instant démentie. Toutes les classes de la société avaient voulu contribuer au succès d'une expédition dont on faisait dépendre le bonheur et la gloire de la France. Renouvelant au XIXᵉ. siècle le généreux dévouement des matrones romaines, les dames françaises se dépouillèrent de leurs bijoux pour en faire l'offrande sur l'autel de la patrie. Des enfans se cotisèrent pour équiper les bateaux qui devaient composer la flotille de transport. De malheureux ouvriers offrirent leurs bras, et leur temps, leurs seules richesses. Les villes et les hameaux, les riches et les pauvres rivalisaient de zèle et c'était à qui montrerait plus de haine contre l'Angleterre.

Et pendant ce temps Napoléon qui venait de recevoir des mains de la nation la pourpre impériale, comme une juste récompense de ses anciens exploits et des grandes vertus qu'il avait montrées durant son consulat, rassemblait lui-même sur les bords de la Manche les invincibles légions qui avaient triomphé de toutes les coalitions et brûlaient de se voir aux prises avec ceux qui les avaient organisées, avec les Anglais. L'Empereur des Français avait comme transporté sa cour dans ce camp de Boulogne qui attirait l'attention et les regards de l'Europe entière. Les arts, le luxe et les plaisirs y affluaient, et formaient un étonnant contraste avec l'ordre et la discipline. Aux manœuvres militaires se mêlaient les danses et les spectacles. Tout ce que Paris renferme de plus distingué accourait en foule prendre part à ces fêtes, et restait saisi d'admiration à la vue de ce camp immense, embelli par l'industrie française, et qui ressemblait à une vaste ville sortie, comme par enchantement, du sein des mers. C'est dans l'une des solennités qui se succédaient à Boulogne que l'Empereur Napoléon distribua lui-même à sa vaillante armée le signe de l'honneur, le prix de la bravoure, l'aigle de cette légion d'honneur qu'il venait de fonder, et qui devait faire une armée de braves au milieu des braves. Les décorations de ce nouvel ordre de chevalerie, qui par une conception aussi noble qu'elle était adroite devait être la récompense de tous les genres de célébrité en France, étaient portées dans les casques antiques et sur les boucliers du vainqueur des Anglais, Bertrand du Guesclin, et du chevalier sans peur et sans reproche, Bayard. L'Empereur assis sur le trône de Dagobert, entouré de toute sa cour et à la vue des rives de l'Angleterre, attacha lui-même cet attribut de la valeur sur la poitrine de ses guerriers. Cette touchante et sublime cérémonie vint encore accroître l'enthousiasme des Français. Le soldat en recevant l'aigle de la légion tournait ses regards menaçans vers Albion, en jurant de vaincre ou de mourir, et ceux qui n'étaient pas encore jugés dignes de la porter, se promettaient à eux-mêmes de faire des prodiges pour la mériter un jour.

Tout était prêt pour la descente projetée. Une armée nombreuse, et la plus belle qu'eût encore eue la France, faisait retentir les bords de la Manche des exclamations de sa joie, indices certaines d'un prochain triomphe. Une flottille immense était disposée peur recevoir les troupes d'embarcation exercées, depuis long-temps, à ce dernier genre de manœuvre. Les flottes combinées de France, d'Espagne et de Hollande devaient protéger la marche de cette grande expédition, bien plus formidable que l'invincible *Armada*, qui avait autrefois inspiré tant de terreurs à l'Angleterre. On n'attendait plus que la saison et des vents favorables pour donner le signal du départ, et sans doute c'eût été celui de la ruine de l'Angleterre, lorsque l'Empereur apprit tout-à-coup la nouvelle que ses frontières du Rhin étaient menacées, et qu'il devenait instant de voler y porter des secours. L'or corrupteur de l'Angleterre, bien plus puissant que ses armées, venait de détourner la foudre prête à éclater, et arrachait aux guerriers français une proie qu'ils regardaient comme assurée. Oh! malheur, trois fois malheur à l'imprudent ennemi qui vient d'exciter la fureur de la Grande-Armée en la forçant de quitter ce rivage d'où elle allait s'élancer pour punir la nouvelle Carthage!

L'attitude hostile et menaçante de la France depuis deux ans, les préparatifs de tout genre réunis à Boulogne, l'étonnante activité qui régnait dans tous les ports, et cette subite explosion de la haine des Français qui les portait à tout sacrifier pour la satisfaire, avaient répandu dans toute l'Angleterre une consternation profonde et générale. Vainement Pitt, interpelé dans la chambre des communes comme étant l'auteur de cette grande calamité, avait répondu : « Eh ! bien de même que les Athéniens, nous monterons sur nos vaisseaux, et comme eux, nous nous mettrons sous la protection des tempêtes. » L'énergique expression du ministre n'avait fait qu'accroître la terreur universelle en prouvant que le danger était réel. Ces fiers insulaires reconnaissaient enfin qu'il étoit au pouvoir des Français de les soumettre, et le subit effroi qui les avait tous saisis est la démonstration la plus frappante de la grandeur de la France à cette époque.

En effet, les mesures adoptées par Napoléon pour assurer la descente, étaient si bien calculées que les Anglais, connus par leur patriotisme, désespéraient tous de pouvoir se défendre. Ils avaient vaincu nos flottes, mais sur terre ils avaient toujours trouvé les Français invincibles. Quel héros opposeraient-ils à celui de la France? Serait-ce le duc d'Yorck? Chassé deux fois honteusement de la Belgique et de la Hollande, il avait appris au monde que les races royales enfantent rarement des grands hommes. Sur quels points, d'ailleurs, la nation en masse se porterait-elle pour s'opposer au débarquement! Les Français pouvaient aborder de toutes parts, et l'obligation de disséminer les moyens de résistance affaiblissait encore les forces de cette nation, obligée enfin de trembler dans son île. Leurs vaisseaux sans doute étaient libres encore sur l'Océan.

Mais ils devaient faire face à la flotte combinée de France, d'Espagne et de Hollande. L'impossibilité de manœuvrer avec avantage contre de frêles esquifs, qui pouvaient braver leur mitraille en passant près d'eux sans être aperçus, jetait les Anglais dans tous les excès d'un stupide désespoir, et, se souvenant des temps héroïques de Guillaume le Conquérant, ils semblaient d'avance résignés à subir le joug.

Un seul homme veillait pour eux. Pitt, que la nature avait doué d'un génie aussi astucieux qu'indomptable, s'était lui-même convaincu que si la descente était tentée elle tournerait à la honte et à la ruine de son pays. Il connaissait trop bien sa nation et la valeur des Français pour douter un instant de la défaite de la première, si les derniers mettaient une fois le pied sur le sol britannique. Ce n'est dont point dans la force des armes que l'irréconciliable ennemi de la France avait cherché les moyens d'éloigner d'Albion le torrent prêt à la dévaster. N'a-t-il pas déjà connu la puissance inépuisable de l'or ? N'est-ce pas avec l'or que ce ministre corrupteur a déjà suscité contre la France tous les États de l'Europe et causé la perte de trois millions d'hommes, égorgés dans les plaines de l'Allemagne, de l'Italie et de l'Égypte, pour rendre éternelle la lutte entre la France et l'Angleterre ? N'est-ce pas avec l'or qu'il a enlevé à l'Empereur son fidèle allié du nord, Paul Ier ? Et quand la

France vient enfin de reprendre son rang parmi les nations, les guinées d'Albion seront-elles épargnées pour la replonger dans l'anarchie? Non : des machines infernales seront inventées. Des conspirations seront ourdies contre le chef de la France, et si ces moyens vulgaires de la politique anglaise ne réussissent pas, l'or, ce métal vainqueur, l'or coulera encore à flots, rompra les liens sacrés de la paix et déchaînera une troisième fois l'Europe contre l'ennemi de l'Angleterre.

Les agens de Pitt se sont répandus dans les diverses cours souveraines. Ils soufflent le feu de la haine; ils avivent les ressentimens naturels à des vaincus; ils promettent d'ouvrir tous les trésors de l'Angleterre, et les rois pourront y puiser à loisir s'ils veulent armer encore contre la France et envahir les provinces que des traités solennels lui assurent.

Incroyable pouvoir de l'or! Des souverains qui avaient le plus grand intérêt à rester en paix avec la France, des souverains qui auraient du se joindre a elle pour affranchir les mers de la tyrannie anglaise, ont prêté une oreille favorable aux promesses fallacieuses du ministre britannique. Ils jurent de devenir les vengeurs d'Albion. Ils ne rougissent point de faire un honteux trafic de la vie de leurs sujets : ils s'unissent enfin par une troisième coalition contre la France, et le sang des peuples, échangé pour un vil métal, couler encore pour une cause et pour une querelle qui leur sont étrangères.

L'Autriche tant de fois vaincue par les héros français, la Russie qui n'aurait point dû oublier si vite ses désastres dans la Suisse , ont répondu les premières à l'appel du ministre anglais. François et Alexandre, si propres par leurs vertus à faire le bonheur de leurs peuples, se sont mis à la solde d'une nation de marchands, et, semblables aux aventuriers qu'elle entretient dans l'Inde, vont courir pour elle la chance hazardeuse des combats. Plus imprudent encore le roi de Prusse remet à un autre temps les secours dont il donne aussi l'espérance. Aveuglé par sa jalousie contre l'Empereur d'Allemagne, il veut avant tout consulter les événemens, et attendre , pour se déclarer, que son rival ait succombé dans la lutte. L'insensé! il ne voit pas qu'il prépare ainsi lui-même sa ruine, et qu'une union franche avec les puissances qui en faisaient déjà partie pouvait seule sauver la coalition.

Mais, peu importe à l'Angleterre que la coalition soit vaincue. Elle a payé d'avance le sang des soldats, n'est-elle pas exempte de reconnaissance? L'intéressant pour elle c'est d'éloigner des côtes de la Manche cette formidable armée française dont les cris redoublés l'*Angleterre! l'Angleterre!* retentissent jusqu'à ses rivages, et lui annoncent que l'heure de la vengeance a sonné. La Russie, qui doit soutenir l'Autriche comme auxiliaire, n'a pu encore rassembler ses bataillons du fond de ses déserts ! L'Angleterre attendrat-elle ce puissant secours pour ouvrir l'arène des combats ? Non, non, le temps presse : les Français favorisés par les vents peuvent d'un moment à l'autre se précipiter contre Albion. L'Autriche reçoit donc l'ordre de se mettre en mouvement. Ses armées seront battues, détruites. Mais le camp de Boulogne sera levé, l'Angleterre sauvée et le but de la coalition rempli.

Obligé d'obéir, afin de toucher les subsides qui lui sont promis, l'Empereur d'Allemagne, sans déclaration de guerre préalable, avait donc foulé aux pieds le dernier traité de Lunéville, et mis en campagne deux armées nombreuses, l'une destinée à envahir la Bavière, alliée dela France, et l'autre à s'avancer sur le Rhin à travers la Souabe et les défilés de la Forêt-Noire (1). De futiles avantages sont d'abord le fruit de cette violation impie des traités les plus solennels. Attaquée à l'improviste, et sans avoir eu le temps de faire aucuns préparatifs de défense, la Bavière avait été conquise en quelques jours, et l'Empe-

----

(1) Une troisième armée devait attaquer les possessions françaises en Italie. Mais les opérations sur ce point du théâtre de la guerre sortant de notre sujet, nous n'en parlerons pas. Nous dirons seulement par avance que, pendant que l'empereur écrasait les Autrichiens à Ulm et à Austerlitz, le maréchal Masséna, qui commandait en Italie, forçait le prince Charles à se réfugier dans le Tyrol.

reur François s'était empressé de faire une entrée triomphale dans Munich, capitale de l'électeur. En même temps l'armée de Souabe s'était avancée sur le Rhin, et s'étendait déjà jusqu'au lac de Constance. Dans leur aveuglément les Autrichiens ont déjà rêvé l'envahissement de la France. Mais le sommeil du lion avait cessé, et aussi rapide que la foudre, Napoléon allait s'élancer et changer en noirs cyprès les faciles lauriers que son nouvel ennemi venait de moissonner.

A la première nouvelle de la levée de bouclier de l'Empereur François, et de l'envahissement de la Bavière, Napoléon avait fait un appel à ses braves, et l'ordre de s'avancer contre l'Autriche avait été donné à toutes les troupes qui composaient le camp de Boulogne : déjà elles se sont élancées.... Que ne pouvons nous peindre dignement la marche triomphale de cette armée à travers les provinces de la France ! Nous dirons seulement qu'elle fut un prodige d'ordre et de célérité. Les guerriers français avaient la profonde conviction de leur force, le pressentiment ou plutôt la certitude de la victoire; il couraient donc avec enthousiasme au devant des légions de l'Autriche, et juraient entre eux de les détruire afin de revenir promptement occuper le camp de Boulogne, et tirer enfin une vengeance éclatante de toutes les perfidies de l'Angleterre.

L'armée française se trouva en ligne de l'autre

côté du Rhin, le 25 septembre 1805. Le 6 octobre elle avait poussé des reconnaissances jusque sur le Danube. Nous faisons attention aux dates parce qu'elles peuvent seules exprimer la rapidité des manœuvres et les merveilles d'une campagne qui ne fut qu'un enchaînement continuel de victoires. L'armée de Souabe, aux ordres du général Mack, dont le nom semble rappeler aussitôt tout ce que la guerre a eu de plus ridicule et de plus insensé (1), opérait elle-même son mouvement sur le Haut-Rhin. Son commandant en chef s'étonnait de la facilité avec laquelle on le laissait pénétrer jusqu'à New-Brissach, et son orgueil, si prompt à s'exalter, souriait déjà à l'espoir de passer le Rhin que de faibles patrouilles lui paraissaient seules défendre. Mais Mack ne connaissait point encore la tactique de son rival. Napoléon, au lieu d'attaquer de front la ligne des deux armées autrichiennes s'était jeté entre elles deux pour les couper, et des succès inouïs allaient être le résultat de cette manœuvre hardie.

Parvenu à la hauteur du Danube, l'Empereur Napoléon fait sur-le-champ filer ses colonnes sur

______

(1) Tout le monde sait de quelle manière il termina l'expédition du roi de Naples contre la république romaine, en 1798. Il avait promis de chasser les Français d'Italie, et en moins d'un mois, Championnet, avec vingt mille hommes, avait forcé ce fier chevalier de la reine Caroline et ses quatre-vingt mille combattans à mettre bas les armes, et à capituler.

les derrières du général Mack. La vûe des premières avant-gardes françaises produisit sur celui-ci l'effet de la tête de Méduse; et quand déjà il fallait combattre, il perdait un temps précieux dans de vaines et inutiles hésitations. Une victoire remportée le 7 octobre à Donawert, par le maréchal Soult sur le prince de Colloredo, vient encore augmenter son effroi et son embarras en lui révélant toute l'étendue de ses dangers. Déjà la cavalerie française, aux ordres du prince Murat, a passé le Lech, et s'avance pour couper la route d'Ulm à Ausbourg. Mack ne commence à comprendre que l'intention de son ennemi est de tourner son armée, et de la tenir enveloppée, que lorsque déjà toutes les mesures sont prises pour obtenir ce grand résultat. Mais de quelle manière se tirera-t-il du labyrinthe où lui-même s'est enlacé? Vainement il s'efforce de rompre le cercle formé autour de lui. Des troupes et des généraux soldés par l'Angleterre pourraient-ils donc repousser les colonnes nationales de la France, animées du plus brûlant patriotisme? Les combats de Wertengen et de Gunzbourg où commandait en personne le prince Ferdinand, frère de l'Empereur d'Allemagne, firent enfin perdre au général Mack l'espérance de rétablir ses communications avec l'armée de Bavière.

Un seul moyen de salut lui restait encore : c'était de concentrer son armée, et de livrer bataille. Mack rappela toutes ses colonnes, et les établit à Ulm et à Memmingen, villes fortes, et qui lui donnaient tous les moyens d'une bonne défensive. Mais Napoléon était trop sûr de ses dispositions pour accepter une bataille où le sang français aurait coulé inutilement. Les divisions de la grande armée avaient suivi le mouvement du général Mack, et resserré le cercle fatal dans lequel il se trouvait enfermé. Le maréchal Soult, qui s'était porté par une marche rapide sur Memmingen, força, le 11 octobre, le corps qui s'y était établi à mettre bas les armes. Une attaque, dirigée le lendemain par Mack en personne, est repoussée avec perte par la division du général Dupont. Un esprit de vertige commence à se répandre parmi les généraux et les soldats. Les Autrichiens parlent déjà de se rendre.

Cependant l'Empereur Napoléon était lui-même arrivé devant Ulm, et sa présence allait encore activer les opérations. Pour achever l'investissement d'Ulm, il fallait s'emparer du pont et de la position d'Elchingen. C'était le dernier débouché qui restât au général Mack. Toutes ses troupes furent employées à le défendre. Efforts impuissans ! vaines tentatives d'un général déjà vaincu par l'opinion de ses soldats ! Le 14 octobre, l'intrépide maréchal Ney enleva à la baïonnette le pont et la position d'Elchingen, dont bientôt il devait porter le nom glorieux avec le titre de duc. Les Français, enivrés par ce dernier succès, demandaient à grands cris qu'on les menât à l'assaut, et promettaient de s'emparer d'Ulm le jour même. Mais l'Empereur, qui avait placé le général Mack dans une situation semblable à celle du général Mélas après l'immortelle journée de Marengo, voulait obtenir un résultat pareil, et épargner le sang de ses soldats. Il fit donc proposer une capitulation au général Mack, qui l'accepta le 17 octobre : trente-trois mille hommes, qui restaient encore à Ulm, mirent bas les armes, et se rendirent prisonniers. Le même jour, Murat, qui s'était mis à la poursuite du prince Ferdinand, sorti d'Ulm le 14, pendant le combat d'Elchingen, forçait le général Werneck à mettre également bas les armes avec tout son corps et cinquante pièces de canon. Ainsi, par la rapidité et l'excellence de ses manœuvres, l'Empereur avait détruit en douze jours l'armée de Souabe toute entière. Le 19 octobre, trente mille Autrichiens faits prisonniers aux combats de Wertingen, Gunzbourg, Memmingen, Elchingen, Nordlingen, etc, trente-trois mille renfermés dans Ulm avec Mack, trente-neuf généraux, dont onze feld-maréchaux, dix-huit généraux majors, deux mille officiers de tous grades, deux cents pièces de canon, quarante drapeaux, défilèrent devant l'empereur à son quartier-général d'Elchingen, et furent aussitôt dirigés sur la France (1). Quelle campagne eût

---

(1) Napoléon interpella les généraux autrichiens, et leur reprocha noblement la conduite perfide de leur gouvernement

jamais un début aussi brillant, et des résultats aussi positifs?

Pendant ce temps, les deux armées françaises de Hanovre et de Hollande, réunies, sous les ordres du prince de Ponte-Corvo, Bernadotte, aux troupes bavaroises commandées par le prince de Wrede, avaient elles-mêmes chassé devant elles les troupes autrichiennes, et les avaient forcées d'évacuer la Bavière. Bernadotte était entré le 12 octobre à Munich, que le général Kienmayer avait vainement voulu défendre, et avait rappelé l'électeur dans sa capitale, tandis que lui-même se portait à la poursuite des Autrichiens. L'Empereur se rendit à Munich le 25 octobre, assura l'électeur de sa puissante protection, et lui promit de châtier si bien l'Autriche, que de long-temps elle ne serait tentée de l'attaquer. Napoléon, voulant récompenser les braves qui avaient si bien fait leur devoir, rendit un décret portant que le mois qui venait de s'écouler compterait pour une campagne à tous les soldats qui composaient la grande armée.

L'Autriche était vaincue, et sans doute elle aurait imploré la clémence de son vainqueur, si, retenue dans les liens de la coalition, elle n'eût pas

---

à l'égard de la France. Mack, l'un des principaux fauteurs de cette guerre désastreuse, voulait excuser son souverain en prétendant que l'empereur de Russie l'avait forcé à prendre les armes. *En ce cas,* lui dit Napoléon avec dédain, *vous n'êtes donc plus une puissance ?*

été forcée de demeurer dans l'arène par l'arrivée des troupes de la Russie. Alexandre, qui avait succédé à Paul Ier, était alors à la fleur de l'âge; il ambitionnait la gloire, ce noble patrimoine des souverains, et pour la mériter, il conduisait lui-même son armée, se flattant, pour son coup d'essai, de vaincre celui qui avait vaincu toute l'Europe. Les Russes s'étaient avancés jusque sur l'Iser, dans le temps même que Napoléon était à Munich. Les colonnes françaises avaient aussitôt volé à sa rencontre. Les Russes n'avaient pas mieux réussi que les Autrichiens à arrêter les Français. L'Iser et l'Inn furent franchis presque sans obstacles. Défaits à Braunau, où ils avaient rallié les débris de l'Autriche, ils se réfugièrent à Vienne, où leur présence précipitée et les excès auxquels ils se livrèrent répandirent la terreur et l'effroi. L'Empereur d'Autriche, épouvanté de tant de revers, avait déjà évacué cette capitale, et fût bientôt suivi par les Russes, qui, à la vue des avant-gardes françaises, se replièrent sur le gros de leurs forces à la rive gauche du Danube. Le général français Sébastiani prit possession de Vienne le 9 novembre, et l'empereur Napoléon y fit son entrée le 13. Ainsi ce que Moreau n'avait point osé tenter après la célèbre victoire de Hohenlinden, Napoléon l'obtenait sans même avoir livré de bataille. L'Empereur établit son quartier-général au palais de Schœnbrunn, que venait d'évacuer avec ses sœurs cette jeune

archiduchesse qui devait un jour être son épouse,
et faire à la fois son bonheur et l'orgueil de la
France.

La conquête de Vienne fut comme le signal
des opérations les plus importantes. A la voix de
Napoléon toutes les divisions françaises se précipitent dans la Moravie. C'est en vain que les
Russes et les Autrichiens, retranchés sur les bords
du Danube, veulent s'opposer à la marche de la
Grande-Armée. Le maréchal Mortier leur passe
sur le ventre, fait de leurs bataillons un horrible
carnage à Diernstein; et tandis qu'il vole à leur
poursuite, d'autres corps passent le Danube sur
le pont de Vienne pour les déborder par la droite,
et le prince de Ponte-Corvo manœuvrait pour les
tourner par la gauche. Bientôt les Russes vont
partager l'embarras du général Mack. Napoléon,
de son quartier-général de Schœnbrunn, impri-
mait le mouvement de son génie à ses colonnes,
et celles-ci savaient si bien lui obéir, que le gros
de l'armée russe, enveloppé de toutes parts, ne
trouva d'autres moyens de salut que dans la perfidie. Le baron de Wintzingerode, aide-de-camp
de l'Empereur de Russie, se présenta aux avant-
postes du prince Murat, et demanda à capituler.
Pendant que celui-ci était à parlementer, les
Russes travaillaient à opérer leur retraite; trop
de bonne foi faillit ainsi devenir fatale à l'armée
française. Mais Murat ne tarda pas à tirer une
vengeance terrible de cet abus de confiance.

L'arrière-garde ennemie atteinte et attaquée à Zuntersdorff le 16 novembre, fut culbutée et taillée en pièces. Le corps ennemi tout entier, enveloppé par le prince Murat, eut été détruit, si l'Empereur Napoléon, qui était accouru aux avant-postes, apprenant que l'Empereur d'Autriche était à Brünn, n'eût pas ralenti la poursuite de ses troupes, afin d'épargner au monarque autrichien l'humiliation d'être fait son prisonnier. Une modération si généreuse sauva cette fois l'armée russe, en lui donnant la facilité de se rallier aux renforts que l'Empereur Alexandre faisait venir à marches forcées. Mais en même temps elle préparait le plus beau triomphe qu'eût encore obtenu l'armée française, le triomphe immortel d'Austerlitz.

Les forces combinées des Empereurs de Russie et d'Autriche avaient pris la modération de Napoléon pour de la faiblesse. Cette illusion de leur orgueil avait tout-à-coup fait succéder la plus grande confiance à la terreur qui les agitait. Elles s'étaient arrêtées à Wischau, et avaient occupé des positions formidables, où la victoire eût pu en effet être longtemps disputée, si trop de présomption ne leur eût pas fait perdre cet avantage. Résolu de céder enfin aux vœux de tous ses soldats, et de livrer bataille, Napoléon avait suivi le mouvement des Austro-Russes. Mais à la vue des positions redoutables qui leur servaient d'appui, il sentit que la victoire serait trop chèrement achetée (1), et profitant de la présomptueuse confiance de ses ennemis, il s'appliqua à leur donner le change sur ses intentions, et s'étudia à leur persuader qu'il évitait le combat, afin de les engager à le poursuivre, et par conséquent à quitter les hauteurs de Wischau pour descendre dans la plaine. Napoléon pressent déjà la victoire s'il peut les attirer dans le piége, et toutes ses mesures sont prises pour réussir.

Savary, l'un de ses aides-de-camp, se rend par son ordre auprès d'Alexandre, et fait à celui-ci, de la part de son maître, la proposition de terminer la guerre par les négociations, au lieu de la finir par les armes. En même temps que Savary se rendait au camp des Austro-Russes, l'armée française faisait, avec toutes les apparences de la crainte, un mouvement rétrograde de trois lieues, et venait s'établir à droite et à gauche de Brünn. La retraite des Français, et la démarche de Savary ont répandu une espèce de délire dans l'armée ennemie. Tous ces jeunes courtisans qui entouraient Alexandre s'efforcent à l'envie de lui persuader qu'à lui seul est réservée la gloire de vaincre le premier capitaine du siècle : *Ordonnez, Sire*, disaient ces esprits aveuglés, *ordonnez à vos braves troupes d'avancer, et l'armée*

----

(1) L'empereur dit dans cette occasion à ses aides-de-camp : *Si les ennemis attendent que je les aille déposter sur ces hauteurs, ils m'attendront longtemps.*

française, déjà en fuite, tombera toute entière en votre pouvoir. C'est vainement que quelques vieux généraux autrichiens, qui déjà avaient fait la guerre contre Napoléon dans les deux campagnes d'Italie, veulent représenter à Alexandre que ce n'est pas avec cette précipitation qu'il faut attaquer une armée composée de l'élite des soldats de l'Europe ; c'est vainement qu'ils disent avoir vu souvent l'Empereur des Français, réduit à une poignée de monde, ressaisir la victoire par des opérations rapides et imprévues, et anéantir les armées les plus nombreuses : Alexandre, enivré par les flatteries de ses courtisans, et savourant par avance toutes les douceurs de la victoire, ne voulut pas voir que l'armée française, n'ayant encore éprouvé aucune perte, était réellement dans toute sa force. Il donna l'ordre de poursuivre, et les colonnes russes quittèrent leurs positions de Wischau, et s'avancèrent dans la plaine.

C'était le premier décembre au soir, la veille de l'anniversaire du couronnement de l'Empereur des Français. En voyant du haut de son bivouac l'armée russe s'ébranler, et abandonner les hauteurs de Wischau pour se diriger du côté de Brünn, Napoléon ne put retenir sa joie, il s'écria : *Demain au soir toute cette brillante armée sera à nous.* Dans cette grande circonstance, l'Empereur voulut s'assurer des bonnes dispositions de ses troupes, et s'avança pour visiter à pied et *incognito* tous ses bivouacs; mais à peine eût-il fait quelques pas, qu'il fut reconnu. Comment peindre l'enthousiasme des soldats en le voyant? Dans le même moment, et comme par un mouvement électrique, des fanaux de paille enflammée furent placés au bout des baïonnetes, et, à la lueur de ce feu de joie inusité, Napoléon se vit salué par les acclamations universelles de quatre-vingt mille soldats qui se présentèrent sur leur front de bandière. Au milieu de l'allégresse générale, un vieux grenadier s'approche de l'Empereur, et lui dit : *Sire, tu n'auras pas besoin de t'exposer. Je te promets, au nom des grenadiers de l'armée, que tu n'auras à combattre que des yeux, et que demain nous t'amènerons les canons et les drapeaux de l'armée russe pour célébrer l'anniversaire de ton couronnement.* Attend ri d'une scène aussi touchante, ému d'une fête d'un genre aussi neuf, l'Empereur s'écria en rentrant dans une cabane de paille, sans toît, qui lui servait de bivouac : *Voilà la plus belle soirée de ma vie ; mais je regrette de penser que je perdrai bon nombre de ces braves gens.* L'exaltation de l'armée se continua pendant toute la nuit. Les cris de *vive l'Empereur! vive Napoléon!* retentissaient dans l'ombre, et répétés par les échos, devaient apprendre à l'ennemi que de tels soldats étaient loin de vouloir abandonner la victoire.

Enfin le 2 décembre parut. Le *soleil d'Auster-*

litz, ce soleil qui devait, 7 ans plus tard, éclairer un de nos plus beaux triomphes (1), se leva radieux et parut vouloir assister lui-même au grand et majestueux spectacle que la fortune et la valeur allaient donner au monde. Napoléon voulut visiter encore ses soldats ; il passa rapidement sur le front de la ligne ; adressa la parole à presque tous ses régimens, et dit à plusieurs : *Soldats ! souvenez-vous que cette bataille doit être* UNE BATAILLE DE GÉANS. *Il faut finir cette cette campagne par un coup de tonnerre qui confonde l'orgueil de nos ennemis et apprenne enfin au monde que nous n'avons point de rivaux.* Il dit, et les chapeaux au bout des baïonnettes et les cris mille fois répétés de *vive l'Empereur !* deviennent le signal du combat. La victoire la plus complète ne devait-elle pas être la suite de tant de dévouement ?

Le tonnerre de l'artillerie des deux partis se faisait entendre avec un fracas épouvantable. La

---

(1) Allusion à la glorieuse bataille de la Moskowa, livrée le 7 septembre 1812. Il avait fait la veille un temps très-sombre ; mais le jour de la bataille, dès six heures du matin, le temps devint clair et froid. A la vue du soleil qui se levait sur l'horizon, Napoléon dit aux maréchaux, avec cet air prophétique qui lui était propre : *C'est le soleil d'Austerlitz !* Quelle bataille en effet pouvait mieux être comparée à Austerlitz que celle livrée sur les bords de la Moskowa ? O Ropstopchin, sans ton fanatisme infernal qui sembla aveugler les Français, la gloire de la Moskowa eût peut-être effacé celle d'Austerlitz !

foudre éclatait de tous cotés, et la mort, avec son hideux cortége, planait au loin sur le champ de bataille. Mais les braves ne redoutent point la mort, et l'excès de leur valeur dissimule à leurs yeux ce qu'elle a de repoussant. Que ne pouvons nous citer tous les traits de courage et d'intrépidité qui firent de la journée d'Austerlitz le plus beau jour de gloire de l'armée française! Que ne pouvons nous dépeindre ici, avec les couleurs de la poésie, ces charges brillantes de cavalerie qui foule et renverse les bataillons sur son passage, et ces invincibles grenadiers affrontant mille fois le trépas, s'avançant, l'arme au bras, à travers le carnage, avec autant de sang-froid qu'ils manœuvraient, naguère encore, dans les pompeuses parades des Tuileries! Voyez-les s'acquitant de la promesse qu'ils ont faite à leur Empereur, attaquant à la baïonnette ces terribles batteries russes, espoir de l'armée ennemie, et qu'Alexandre croyait inabordables. Ils sont à la France les canons de l'Autriche et de la Russie! Les grenadiers de la Grande Armée ont massacré leurs défenseurs, et déjà le bronze destructeur, noble conquête de la bravoure, vomit la mort sur les ennemis de la patrie, et bientôt transporté triomphalement dans la capitale, il s'élèvera en colonne d'honneur dans les airs, et deviendra, pour les siècles futurs, un monument impérissable de la gloire de la grande nation (1).

------

(1) Colonne de la grande armée, sur la place Vendôme.

L'engagement durait depuis sept heures environ. Quatre-vingt mille français avaient combattu
contre cent trente mille Austro-Russes, et déjà les
premiers faisaient entendre les cris de la victoire,
d'une victoire d'autant plus honorable que l'ennemi s'était conduit d'une manière glorieuse,
et avait montré une valeur que des Français
seuls pouvaient surpasser. A trois heures après
midi, la plaine immense d'Austerlitz ne présentait plus qu'un épouvantable champ de carnage
où les Français manœuvraient seuls encore au
milieu des morts et des mourans (1). L'armée
ennemie toute entière était ou détruite ou en
pleine déroute. Toute son artillerie était tombée
au pouvoir des vainqueurs. Cependant un corps
de vingt mille Russes, cernés de toutes parts sur

----

(1) C'était presque tous des Russes, car par la manière
dont l'Empereur avait placé son artillerie, les Français com-
battaient protégés par elle. Cependant plusieurs généraux
furent blessés. Le brave général Valhubert était de ce nombre.:
ses soldats, lui voyant la cuisse emportée par un boulet, voulaient l'enlever du champ de bataille : *Souvenez-vous de l'ordre
du jour*, leur dit-il d'une voix de tonnerre ; *serrez vos rangs :
si vous êtes vainqueurs on me relèvera après la bataille ;
si vous êtes vaincus, je n'attache plus de prix à la vie.*
Valhubert est mort depuis de ses blessures.

Le général Thiébault, aussi dangereusement blessé, était
transporté par quatre prisonniers russes. Six Français, qui se
rendaient eux-mêmes à l'ambulance, l'aperçoivent, chassent les
Russes, et saisissent le brancard, en disant : *C'est à nous seuls
qu'appartient l'honneur de porter un général français blessé.*

les lacs glacés, où ils s'étaient réfugiés, opposaient encore une héroïque résistance. Napoléon leur fit proposer de se rendre. *Vaincre ou mourir* est leur réponse. L'Empereur ordonne alors à son artillerie de battre les lacs et d'en rompre la surface solide. Les boulets et les obus s'élancent; les glaces se partagent en longs éclats; presque tous les Ruses tombent engloutis dans ces abîmes, où victimes de leur dévouement ils trouvent une mort illustre, digne d'être enviée par des soldats français.

Aussitôt, et sans perdre de temps, les colonnes victorieuses se jettent à la poursuite des débris de l'armée vaincue. Les Autrichiens mettent presque tous bas les armes. Leur Empereur épouvanté demande à celui des Français une entrevue. Napoléon le reçut dans son bivouac (1) et lui accorda l'armistice qu'il était venu lui-même solliciter. Il fit plus : voulant prouver à Alexandre l'estime qu'il a conçue pour lui, il renvoie à ce monarque les grenadiers de la garde impériale russe et le prince de Repnin qui les commandait. *Dites à mon frère Alexandre*, ajoute-t-il au prince, en lui annonçant qu'il est libre, *que je ne veux pas le priver d'aussi braves gens*. Mémo-

____

(1) *Je vous reçois dans le seul palais que j'habite depuis deux mois*, dit Napoléon à l'empereur d'Autriche, en le faisant approcher du feu de son bivouac. Le monarque allemand lui répliqua en souriant : *Vous tirez si bon parti de votre habitation, qu'elle doit vous plaire.*

rable exemple de modération qui eût fait de Napoléon le plus grand des hommes s'il avait eu soin de l'avoir toujours pour règle de sa conduite postérieure (1).

Mais l'Empereur des Français allait donner une preuve plus éclante encore de cette même modération. Toutes les colonnes de l'armée russe étaient coupées. Alexandre lui-même était comme prisonnier au milieu des divisions françaises. Napoléon n'avait qu'à dire un mot, et l'Empereur de Russie enchaîné à son char de victoire aurait orné son triomphe. Cependant, sur la demande encore de l'Empereur d'Autriche, il arrête lui-même l'élan de ses guerriers, il leur ordonne de laisser le passage libre, et Alexandre reçoit la

----

(1) Napoléon, premier consul, avait déjà fait une galanterie semblable au père d'Alexandre, Paul Ier. Dix mille hommes de la garde russe, qui avaient été faits prisonniers à la bataille de Zurich, en 1799, reçurent leur liberté des mains de Bonaparte, et eurent ordre de se rendre en Russie pour y reprendre leur service auprès de leur maître. Paul Ier fut si enchanté de cet acte de générosité, qu'il ne crut pouvoir le payer qu'en offrant toute son amitié à celui qui s'en était montré capable. Cette liaison nouvelle devint fatale à l'Empereur de Russie. L'Angleterre, jalouse de l'intimité qui régnait entre Bonaparte et Paul Ier, et craignant déjà pour ses possessions des Indes, fit les plus grands sacrifices pour rompre cette alliance. Paul mourut assassiné; et les bruits les plus étranges ont couru en Europe au sujet de cet affreux régicide. L'histoire n'a pas encore éclairci entièrement le mystère de cet attentat.

permission de retourner dans ses États avec son armée, sous la seule condition qu'il rentrerait dans la Russie au bout d'un délai fixé d'avance.

Ainsi Napoléon avait eu raison de dire qu'il terminerait la campagne par un coup de tonnerre. Cette bataille, que les soldats français appelèrent la *journée des trois Empereurs*, que d'autres nommèrent la *journée de l'Anniversaire* et que Napoléon a lui-même désignée sous le nom d'*Austerlitz* avait mis deux Empereurs à sa discrétion et le rendait maître de l'Autriche. Il ne démentit point la modération dont il avait fait preuve après sa victoire. La paix avec l'Autriche signée à Presbourg, le 26 décembre, et avec la Russie à Paris, le 28 juillet suivant, démontrèrent au monde que la France n'avait porté ses armes victorieuses en Allemagne que pour se défendre d'une injuste aggression, et non pour satisfaire une vaine manie de conquêtes.

Quel monarque, à la place d'Alexandre, n'aurait point été pénétré de reconnaissance pour l'Empereur des Français? Il avait dit au général Savary, chargé par Napoléon de lui annoncer qu'il pouvait se retirer en Russie : *Dites à votre maître que je m'en vais, qu'il a fait hier des miracles, que cette journée a accru mon admiration pour lui, et qu'il faut à mon armée cent ans pour égaler la sienne.* D'après un tel langage, qui ne se serait attendu que l'Empereur de Russie aurait cherché dans Napoléon un ami plutôt qu'un ennemi ? Cependant à peine eut-il échappé au danger de tomber entre les mains des Français qu'il sembla oublier la terrible leçon d'Austerlitz et s'abandonna de nouveau à toute l'influence du cabinet britannique. Un voyage, qu'il fit à Berlin, acheva de détruire en lui l'impression qu'avaient dû lui laisser et sa défaite et la conduite généreuse de Napoléon à son égard. Emportée par un esprit de vertige, la Prusse qui n'avait point voulu aider la coalition quand elle était dans toute sa force, paraissait disposée à ramasser le gand, depuis que les Empereurs d'Autriche et de Russie l'avaient abandonné. C'était encore l'Angletterre qui prodiguait l'or pour entraîner dans cette extravagance une puissance qui avait dû ses dernières années de prospérité à son état de paix avec la France. A la tête du parti de la guerre, était la Reine, jeune princesse d'une beauté accomplie, et que la nature avait douée de toutes les grâces et de tous les talens ordinaires à son sexe. Le Roi de Prusse l'adorait, et la Reine s'était adroitement servie de son empire pour lui faire adopter son opinion, déjà embrassée, avec une espèce de fureur, par tous les jeunes gens du royaume. Quand Alexandre parut à la cour de Berlin, la jeune Reine voulut aussi le convertir et le distraire de son admiration pour le *général Corse*. C'est ainsi qu'elle appelait Napoléon. Que ne peut pas l'empire de la beauté, même sur les souverains! Alexandre, jeune, galant,

passionné pour le beau sexe, ne put rien refuser
à la belle Reine de Prusse, et promit de faire partie
de la ligue, aussitôt que ses moyens militaires lui
permettraient de rentrer en campagne. Il refusa
en conséquence de ratifier le traité de paix conclu
à Paris avec la France, le 28 juillet 1806, par son
ambassadeur Oubril, et dès lors Napoléon dut
s'attendre à la nécessité de tirer encore une fois
l'épée. Les troupes françaises, qui avaient ordre
d'évacuer l'Allemagne, reçurent au contraire
celui de s'y maintenir.

On ne peut pas concevoir encore aujourd'hui
comment la Prusse avait pu se décider à entreprendre une guerre contre la France, quand cette
puissance venait, pour ainsi dire, de parvenir à son
apogée de grandeur et d'illustration. Riche des trésors amassés par le grand Frédéric, riche de ceux
que le gouvernement pusillanime de la France, en
1792, lui avait délivrés pour hâter sa retraite des
plaines de la Champagne, riche enfin des bienfaits
d'une paix qui durait depuis dix ans, quand le reste
de l'Europe avait été livré à tous les ravages de
la guerre, le Roi de Prusse avait-il donc besoin des
subsides de l'Angleterre, et pour les obtenir aurait-
il dû exposer son pays à toutes les suites d'une
défaite inévitable? Quoiqu'il en soit, ce prince,
entraîné par sa femme et par ses courtisans, plutôt que par sa propre conviction, avait organisé
une armée de cent soixante mille hommes, dont les
principaux généraux lui promettaient déjà l'hu-

miliation de la France et le partage des provinces rhénanes à la proximité de ses États.

Le vieux duc de Brunswich, celui-là même qui avait échoué si complètement, en 1792, dans la première invasion de la France, était au nombre des partisans outrés de la guerre. Nommé généralissime de l'armée prusienne, il oubliait ses défaites et ne se souvenait que de sa présomption passée, et de cet orgueil qui distingua toujours les généraux formés à l'école du Grand Frédéric : il prétendait que rien n'était si facile que de chasser les Français d'Allemagne et parlait déjà de l'invasion de la France comme d'un événement que rien ne pouvait empêcher. Tous ces Prussiens, gagnés par l'Angleterre, étaient si pressés d'agir, que, non moins imprudens que l'Autriche, ils se mirent en campagne longtemps avant que leur allié, l'Empereur de Russie, fût en mesure de soutenir leur mouvement offensif.

Le Roi de Prusse avait commencé par sommer les souverains de la Hesse et de la Saxe de faire cause commune avec lui s'ils ne voulaient pas attirer sur eux ses premières attaques. Les troupes de ces deux États avaient encore augmenté son armée. Agissant ensuite avec une hauteur bien extraordinaire envers une nation qui venait de sortir victorieuse d'une lutte avec l'Autriche et la Russie, il fit signifier à l'Empereur Napoléon que si les troupes françaises n'avaient point évacué l'Allemagne avant le 8 octobre, il les y con-

traindrait par la force. Cette orgueilleuse et ridicule rodomontade, plus digne d'un matamore des
temps antiques de la chevalerie, que d'un Roi de
Prusse, excita le rire et le mépris de Napoléon ; ce
prince avait déjà quitté Paris et se trouvait à
Bamberg lorsqu'il reçut cette impérieuse sommation de Frédéric Guillaume. Il dit alors au
maréchal Berthier, l'ancien compagnon de ses
travaux et de sa gloire : *Maréchal, on nous
donne un rendez-vous d'honneur pour le 8 ; jamais un Français n'y a manqué ; mais comme on
dit qu'il y a une belle Reine qui veut être témoin des combats, soyons courtois, et marchons, sans nous coucher, pour la Saxe* (1).

La marche de l'armée française se fit en effet
avec la rapidité accoutumée, et les troupes des
maréchaux Ney, Soult, Davoust, Bernadotte,
Lannes, Lefebvre et Augereau, inondèrent la
Saxe, et suivirent les directions qui pouvaient
les mettre à même de tourner l'armée prussienne,
alors campée sur les bords de la Saale. Victorieux
dans tous les combats d'avant - gardes (2), les

---

(1) L'empereur et Berthier quittèrent en effet Bamberg le
jour même pour se rendre à Cronach. Berthier, investi de la
confiance du plus puissant monarque de l'Europe, et parta-
geant toute la gloire de ses triomphes, ne se doutait pas alors
que ce même Bamberg serait le théâtre de sa fin misérable
(en 1815), causée sans doute par le regret d'avoir payé d'ingratitude tous les bienfaits de son ancien ami.

(2) C'est dans l'un de ces combats que périt Frédéric-

Français voyaient avec peine que les Prussiens, en se retirant, semblaient se refuser au rendez-vous d'honneur qu'ils avaient eux-mêmes assigné. Mais le Roi de Prusse, effrayé des mouvemens rapides de Napoléon, commençait à perdre de cette confiance que ses généraux lui avaient inspirée. Débordé sur ses ailes dans la position qu'il avait prise sur la rive droite de la Saale, et où d'abord il voulait attendre les Français, il se retira précipitamment le 10 octobre, employa les deux journées suivantes à rappeler tous ses détachemens, et vint le 13, occuper une position avantageuse entre Capellendorf et Auwerstaëdt : entraîné par les sollicitations de son armée qui brûlait d'en venir aux mains, il s'arrêta dans cette position et résolut d'y livrer bataille.

C'était précisément ce que demandait l'Empe-

Christian-Louis de Prusse, jeune prince de la plus haute espérance, et l'un des plus ardens provocateurs de cette guerre insensée. Vaincu à Saafeld, il ne prit la fuite que lorsque, abandonné de tous les siens, il ne put plus opposer de résistance. Poursuivi alors par un maréchal-des-logis du dixième régiment de hussards, et prêt de tomber entre ses mains, il fit brusquement volte-face, et se prit bravement corps à corps avec le soldat français. *Rendez-vous, colonel, ou vous êtes mort,* lui criait le maréchal-des-logis. Le prince voulut parlementer, et proposa même au hussard de le suivre en Prusse, l'assurant que sa fortune était faite. Mais, voyant cette indigne proposition refusée, et préférant la mort à la honte de devenir le prisonnier des Français, il s'élança contre le hussard, qui, lui plongeant son sabre dans la poitrine, l'étendit à ses pieds.

reur Napoléon. Il avait fini la campagne dernière par un coup de tonnerre, il voulait commencer celle-ci par un coup de massue. Il savait
combien il lui importait, de profiter de l'imprudente audace de ses ennemis et d'écraser l'armée
prussienne, avant que l'arrivée des Russes ne vînt
donner à la nouvelle ligue, formée contre lui, une
force supérieure à celle dont il pouvait disposer.
Au lieu donc de refuser la bataille, il s'étudia
à obliger les Prussiens de la livrer. Arrivé le 13
à la vue des positions ennemies, il en parcourut
toute la ligne, et le soir, dans son bivouac d'Iéna,
il répéta le mot d'Austerlitz : *Demain toute cette
brillante armée sera à nous.* Toute la nuit fut
employée à creuser dans le roc vif un chemin qui
pût servir à placer de l'artillerie sur un plateau qui
se trouvait en avant d'Iéna, et dont les Prussiens
avaient négligé de s'assurer, parce qu'ils regardaient comme impossible de franchir les rochers
dont tous ses abords étaient hérissés. Les Prussiens ne savaient pas encore que les Français ne
connaissent rien d'impossible.

Le lendemain, c'était l'anniversaire du terrible
combat d'Elchingen, le dernier livré sous les
murs d'Ulm, avant la capitulation du général
Mack et de son armée. L'Empereur suivant son
usage parcourut toute sa ligne. En passant devant le front de chacun des corps, il leur recommandait la cavalerie prussienne, si vantée jus-
ques alors, malgré les souvenirs de la Champagne,

il leur rappelait l'anniversaire d'Ulm, qui renouvelait, pour l'armée prussienne, la situation de l'armée d'Autriche; il leur faisait observer que cernés comme elle, les Prussiens avaient déjà perdu leur lignes d'opérations, et qu'ils étaient aussi réduits, après six jours de campagne, à combattre, moins encore pour acquérir de la gloire que pour obtenir une retraite, en essayant de faire, sur différens points, une trouée qui deviendrait l'opprobre de tous les corps dont la résistance ne serait pas assez vive pour en empêcher l'effet. Des cris multipliés de *marchons! en avant! mort aux Prussiens!* succèdèrent au discours de l'Empereur, qui, certain que ses soldats étaient bien encore les braves d'Austerlitz, donna aussitôt le signal de l'attaque.

L'armée prussienne était belle et nombreuse; sa cavalerie et son artillerie avaient une supériorité numérique incontestable sur celles des Français. L'infanterie était à peu près égale. Mais l'armée française avait une expérience que celle du Roi de Prusse était loin de posséder. Cependant elle opposa aux efforts des Français une résistance qui lui attira l'estime de Napoléon lui-même. Pendant plusieurs heures la bataille resta indécise. Mais enfin, toutes les divisions françaises ayant opéré leur jonction et formant une espèce de cordon autour de l'armée prussienne, celle-ci, pour éviter d'être cernée et obligée de mettre bas les armes, voulut tenter un dernier effort. Cinquante mille hommes d'élite, au nombre desquels se trouvaient les régimens de la garde et les gardes-du-corps du Roi de Prusse, attaquent vigoureusement les débouchés de Kœsen que défendait le maréchal Davoust. C'est sur ce point que la victoire allait surtout être disputée : c'est là que les deux partis devaient porter ces grands coups qui décident du sort des États. Les Prussiens étaient appuyés aux hauteurs d'Auwerstaëdt, et descendaient comme un torrent sur les Français. Davoust a son chapeau emporté par un boulet : deux chevaux sont tués sous lui, les balles criblent ses habits. Les Français font tous des prodiges de valeur, et non-seulement ils repoussent les Prussiens et conservent le défilé de Kœsen, mais ils emportent à la baïonnette les hauteurs d'Auwerstaëdt, d'Auwerstaëdt qui méritera au maréchal Davoust les éloges de Napoléon et dont le nom se perpétuera dans sa postérité avec le titre héréditaire de duc.

Rejetée en désordre sur le champ de bataille, toute cette belle armée prussienne, était dans un état de débandade épouvantable. Des corps entiers se rendaient prisonniers avec leurs généraux. Vingt mille morts ou blessés jonchaient la plaine entre Iéna, Cappellendorf et Auwerstaëdt. Le reste de l'armée prend la fuite sans ordre et dans la plus horrible confusion. Le Roi de Prusse faillit même

être pris dans cette déroute universelle (1). Quarante mille prisonniers parmi lesquels vingt généraux supérieurs, soixante drapeaux ou étendards,
trois cents pièces de canon avec tout leur attirail,
et des magasins immenses, tels furent les résultats
de cette journée d'Iéna qui suivant la parole de
l'Empereur, renouvelait d'une manière frappante
la grande merveille d'Austerlitz.

Les débris de l'armée prussienne fuyaient en
toute hâte et prenaient la direction de Magdebourg, où leur Roi leur avait donné rendez-vous.
Mais déjà l'Empereur avait pris toutes ses mesures
pour les empêcher de se rallier. Les vainqueurs
poursuivaient sans relâche et avec une infati-

---

(1) « La Reine manqua également de tomber entre les mains
des Français. Cette princesse suivait l'armée prussienne, vêtue
en amazone, sous l'uniforme de son régiment de dragons,
qu'elle avait passé en revue la veille de la bataille. Elle était
dans un mouvement perpétuel pour souffler le feu de la guerre,
dans laquelle des sollicitations importunes venaient de précipiter son malheureux époux, en le déterminant, malgré sa
répugnance, à se liguer contre la France. Dans la crainte que
les dispositions pacifiques de ce monarque ne lui fissent adopter
des tempéramens qui auraient déjoué les espérances du parti
de la guerre, elle ne le quittait pas d'un moment, ou laissait
du moins auprès de lui quelques affidés pour combattre son
irrésolution, et maintenir les impressions qu'elle lui donnait.
On la vit plusieurs fois dans la retraite en vue des avant-postes,
et ce ne fut que par une espèce de miracle qu'elle put échapper
aux différens partis employés à la poursuite des fuyards. »
(Liger, *campagne de* 1806).

gable activité les vaincus. Des colonnes de siége investissaient les places abandonnées par les Prussiens. Erfurth, Naumbourg, Weissenfeld et Leipsick, cernées de toutes parts, furent obligées de se rendre. L'armée de réserve de la Prusse, commandée par le prince de Hohenlohe, et à laquelle s'étaient ralliés quelques débris échappés au désastre d'Iéna, enveloppée par le prince Murat, grand duc de Berg, se vit obligée de capituler dans Prentzlow, le 28 novembre; seize mille hommes d'infanterie presque tous gardes du roi ou grenadiers, six régimens de cavalerie, quarante-cinq drapeaux et étendards, et soixante-quatre pièces d'artillerie attelées devinrent encore des trophées des la victoire remportée le 14.

Une autre colonne de six mille hommes se rendait également le lendemain, dans le Passevalk, au général Milhaud, et le même jour le brave général Lasalle s'emparait de la ville et forteresse de Stettin défendue par cent soixante pièces de canon et une garnison de sept mille hommes, qui, frappée de terreur, capitula sans presque songer à faire de résistance. Enfin, le 4 novembre, les colonnes du duc de Weimar et du général Blücher, fortes ensemble de vingt-un mille hommes, après avoir long-temps échappé à la poursuite des maréchaux Soult et Bernadotte, se trouvant bloquées dans Lubeck, furent obligées de capituler. L'un des auteurs les plus ardens de cette guerre, le général Blücher lui-même, auquel le duc de Weymar avait remis le commandement en chef, fut trop heureux d'implorer la clémence du vainqueur et de se rendre prisonnier (1).

Pendant que les divisions françaises achevaient

---

(1) Qui eût dit alors que ce même Blücher, qui n'eut qu'à se louer des bons traitemens des Français, camperait lui-même un jour au milieu des Tuileries, et agirait avec tant d'insolence et de barbarie envers un peuple et des princes dont il se dirait impudemment le vengeur et l'allié? Nous avons vu Blücher, et sa joie féroce en entrant dans la capitale de la France. Dans les démonstrations stupides de son facile triomphe, et surtout dans l'insultant orgueil qui le porta à tenir ses canons la mèche allumée, et braqués contre le château royal des Tuileries, pendant que le Roi de France y tenait sa cour, nous n'avons dû voir que le délire frénétique d'un guerrier barbare et farouche, qui voulait à force d'injures faire *croire* à ses *incroyables* victoires.

Semblable aux Vandales dont il a imité la conduite à la guerre, et rancuneux encore d'avoir été fait prisonnier, en 1806, le vieux Blücher poussa son frénétique orgueil jusqu'à vouloir faire sauter ce beau pont, situé à l'extrémité occidentale de Paris, et dont le nom changé aujourd'hui, n'a pas fait oublier qu'il était destiné à perpétuer la mémoire de l'éclatant triomphe d'Iéna. Toute la France a applaudi à son roi protestant *qu'il se transporterait sur le pont, et se laisserait sauter avec si Blücher s'obstinait à vouloir consommer son acte de fureur.* Ce noble mouvement d'un prince qui a hérité de ses ancêtres le goût des beaux-arts, a conservé à la capitale l'un de ses plus glorieux monumens. Blücher, obligé de céder, n'a peut-être pas même connu le repentir.... Et voilà le héros dont les Prussiens s'honorent, et dont déjà ils s'apprêtent à pleurer la mort! (*Note ajoutée pendant l'impression.*)

d'exterminer les restes épars de l'armée prussienne, l'Empereur Napoléon après la bataille d'Iéna s'était rendu à Berlin, afin de veiller par lui-même à l'administration des provinces que le sort de la guerre avait remises en son pouvoir. Il avait visité tous les environs de la capitale de la Prusse, et Postdam ancienne résidence du grand Frédéric, et où reposent encore les dépouilles mortelles du héros prussien, fixa surtout son attention. Tous ces lieux, la capitale elle-même avaient été évacués avec tant de précipitation, que l'épée de Frédéric, la ceinture de général dont il s'était servi pendant la guerre de sept ans, et le grand cordon de ses ordres se trouvaient encore en évidence dans le château de Postdam. L'Empereur s'était saisi de ces trophées avec empressement, en s'écriant : *J'aime mieux cela que vingt millions.* Puis pensant à qui il confierait ce précieux dépôt : *Je les enverrai*, dit-il, *à mes vieux soldats de la guerre de Hanovre ; j'en ferai présent au gouverneur des Invalides, qui les conservera comme un mémorable témoignage des victoires de la Grande-Armée.*

La guerre semblait terminée. Magdebourg, où le Roi de Prusse s'était d'abord retiré, avait été investie par le maréchal Ney et obligée de capituler. Frédéric Guillaume s'était sauvé à Kœnisberg à l'extrémité occidentale de ses états ; de cent soixante mille hommes qu'il avait réunis pour commencer son imprudente aggression, généraux, officiers, soldats, armée, munitions, bagages, tout était pris blessé ou tué : rien n'avait pu échapper au desastre général, ni passer l'Oder pour trouver un asile. Il ne restait plus des debris de l'armée prussienne, que quelques régimens qui formaient un total de quinze mille hommes d'infanterie, et de trois à quatre mille de cavalerie ; une partie de ces troupes était-elle enfermée dans le petit nombre de places fortes qui restaient au pouvoir du Roi de Prusse. Ce monarque avait à peine huit mille hommes auprès de lui à Kœnigsberg.

Cette déplorable situation d'un monarque qui naguère encore, par les bienfaits de la longue paix dont il avait fait jouir ses sujets, était l'un des plus puissans souverains de l'Europe, avait enfin convaincu Frédéric Guillaume du tort immense qu'il s'était fait à lui-même en attaquant l'Empereur des Français. La conduite de celui-ci, après la victoire d'Austerlitz, fit espérer au Roi de Prusse qu'il trouverait en lui la même modération, et il se hasarda à lui envoyer MM. Zastrow et Lucchesini pour lui faire la demande d'un armistice, pendant lequel on traiterait d'une paix définitive. L'espérance du Roi de Prusse ne fut point trompée. Napoléon accueillit favorablement les envoyés du Roi, et accorda la suspension d'armes, à la condition expresse que Frédéric Guillaume ferait rétrograder les troupes russes qui commençaient à affluer sur le territoire prussien.

d.

Mais Frédéric n'était déjà plus maître de cette partie de ses États. L'Empereur de Russie refusa de retirer ses troupes, et quand il eût pu obtenir encore une paix avantageuse par la modération de Napoléon, le Roi de Prusse se vit forcé de continuer la guerre. Peut-être espérait-il aussi qu'appuyé par les forces de la Russie il pourrait réparer ses pertes, et reconquérir ses États l'épée à la main. L'imprudent monarque, qui s'était flatté de vaincre seul les Français, pouvait bien encore conserver cet espoir chimérique avec un allié tel que l'Empereur de Russie. Mais le héros de la France, en poursuivant ses succès, allait prouver encore que les armes de la Russie ne sont pas plus redoutables que celles de la Prusse.

Aussitôt qu'il avait appris que les Russes approchaient, l'Empereur avait donné ordre à ses divisions de marcher à leur rencontre. Le 10 novembre, le maréchal Davoust était entré à Posen, dans la Pologne; le maréchal Lannes était parvenu à Thorn, et Augereau à Bromberg. La présence des Français en Pologne excita parmi les habitans, lassés de l'injuste domination des puissances qui s'étaient partagé leur malheureux pays, un enthousiasme qu'on ne pourrait comparer qu'à celui dont les Français eux-mêmes avaient été saisis au commencement de leur mémorable révolution. C'était la même joie, c'étaient les mêmes espérances. Le dévouement pour la France augmenta encore lorsque l'Empereur, qui avait suivi le mouvement de son armée, fit son entrée à Varsovie. Tous les Polonais se portaient en foule sur son passage, et c'est à genoux, en répandant de douces larmes, qu'ils demandèrent au vainqueur de l'Europe l'affranchissement de leur patrie, et l'indépendance de la vaillante nation de Sobieski, qu'ils croyaient revoir dans Napoléon. Il était digne de devenir le second fondateur du royaume de Pologne, celui qui avait remis la France en harmonie avec sa civilisation, et venait de rétablir tout récemment le royaume d'Italie. Si jusqu'ici les Polonais n'ont point reçu l'entier accomplissement des promesses de l'Empereur, c'est sans doute que l'inflexible politique s'y est opposée. Mais le moment est venu où plus que jamais ils doivent nourrir l'espérance de leur restauration. Celui dont les armées victorieuses s'avancent d'un pas si rapide au centre même de l'empire russe, ne fera point la paix avec Alexandre, sans exiger le rétablissement du royaume de Pologne, comme la plus forte barrière que l'Europe civilisée puisse encore opposer à l'Europe à moitié barbare (1).

____

(1) Ceci était écrit, en 1812, dans le temps même que, vainqueurs à la bataille de la Moskowa, les Français marchaient sur Moscow. Que de catastrophes survenues depuis cette époque ! que de bouleversemens dans les états de l'Europe ! que de changemens dans la destinée, les mœurs et les habitudes des peuples ! avec quelle rapidité il s'est brisé le prisme à travers lequel tous les Français voyaient Napoléon.

Cependant les Russes, qui n'avaient point d'abord osé défendre Varsovie, paraissaient décidés à y attaquer les Français, depuis que ceux-ci s'en étaient emparés; de nombreux renforts amenés à l'armée russe de Benigsen, par les gé-

---

Au reste, nous ne profiterons point de sa chute, pour, à l'exemple de tant d'écrivains, nous donner l'affreux plaisir de couvrir d'injures le même homme que nous avons tous comblé d'éloges. Ce que nous avons dit dans cet opuscule, nous le maintenons. Napoléon fut véritablement grand jusqu'au traité de Tilsitt; si la prospérité l'a aveuglé depuis, nous ne voyons pas que ce soit une raison pour répandre le blâme sur ses actions antérieures. Écrivons l'histoire avec impartialité, *sine irâ et studio*. C'est le moyen de mériter la confiance de nos contemporains.

Le dévouement des Polonais, et l'ardent désir de la liberté dont ils paraissaient dévorés, ne se manifestèrent point seulement par des paroles et de vaines acclamations. A la voix de celui qu'ils regardaient comme leur sauveur, ils coururent tous aux armes, et sous la direction du général Dombrowiki leur compatriote, et déjà depuis longtemps au service de France, ils composèrent plusieurs régimens qui rendirent les plus grands services à l'armée française. C'est depuis ce temps que les enfans de ce brave peuple, si dignes, hélas! d'une plus belle destinée, ont toujours occupé une place si distinguée dans nos rangs. Fidèles et dévoués dans la mauvaise comme dans la bonne fortune, les Polonais ont partagé tous nos triomphes, et seuls parmi nos alliés, ils ne nous ont point abandonné dans nos revers. Bons et magnanimes Polonais, je n'ai pu me refuser à rendre ici cet hommage à vos vertus généreuses. Aussi, vous le savez, vous étiez traités en frères par les guerriers français, et vos compagnons d'armes n'ont jamais mis de différence entre vous et leurs compatriotes.

néraux russes Buxhowden et Kaminski qui devait
en prendre le commandement en chef, et les sollicitations réitérées du roi de Prusse, étaient probablement les motifs qui engageaient l'ennemi à
revenir sur ses pas. Mais l'Empereur n'eut pas
plutôt connaissance de son mouvement, qu'il
ordonna à ses troupes de marcher en avant. Il
quitta lui même Varsovie ; et après avoir assisté
aux passages de la Narrew et du Bug, exécutés
de vive force par le corps du maréchal Davoust,
il se rendit sur les bords de la rivière d'Wckra, de
l'autre côté de laquelle les Russes s'étaient fortement retranchés. Après avoir reconnu leur position, Napoléon ordonna l'attaque. Elle eut lieu
dans la nuit du 23 au 24 décembre, et réussit au
gré des désirs de l'Empereur. Les maréchaux
Ney, Davoust et Bessières, culbutèrent l'ennemi,
s'emparèrent de ses batteries, et après l'avoir
poursuivi par delà Nazielk, qu'il voulut envain
défendre, le forcèrent de se retirer jusque sur
Tycokzin. Ralliés pendant la journée du 25, le
corps de Benigsen voulut se défendre à Palstuck,
et celui de Buxhowden à Golimin. Mais attaqués
le 26 à la pointe du jour par les divisions françaises qui avaient suivis leurs traces pendant
toute la nuit, les Russes furent mis de nouveau en déroute, et se retirèrent avec précipitation dans leur grand camp d'Ostrolenka.

Les rivières étaient débordées, les chemins
étaient devenus impraticables, et les subsistances

étaient absolument nulles, dans un pays où les Russes avaient déjà passé et repassé quatre fois, depuis un mois. Il devenait donc impossible de continuer la guerre, et Napoléon, qui désirait ménager son armée, et atteindre une saison plus favorable pour achever la défaite des Russes, les laissa se rallier dans leur camp d'Ostrolenka, et se fortifier sur les bords du Niémen où les Prussiens étaient venus les joindre. Lui-même rentra à Varsovie, et ordonna à ses troupes de se réunir sur la Vistule pour y prendre leurs quartiers d'hiver (1).

Accoutumés à leurs climats sauvages et hyperboréens, les Russes s'imaginèrent présomptueusement que si les Français se retiraient, ce n'était nullement pour rechercher une contrée plus favorable à leurs quartiers, mais bien par la crainte de se voir attaqués. Cette folle idée fut si bien adoptée par les généraux Kaminsky, Buxhowden et Benigsen, qu'ils se portèrent audacieusement en avant, lorsque les Français avaient eu à peine le temps d'établir leur ligne de défense sur la Vistule. Le plan des généraux ennemis était de couper l'aile droite de l'armée française, et de

---

(1) Pourquoi Napoléon ne s'est-il pas souvenu d'une mesure aussi sage après le fatal incendie de Moscow ? Braves vainqueurs d'Austerlitz, d'Iéna, de Wagram et de la Moskowa, vous n'auriez pas été ensevelis dans les glaces ou dans les neiges de la Russie, et vous seriez encore aujourd'hui l'orgueil et la gloire de la patrie !

faire une trouée vers Thorn, afin de porter la grande armée de Russie dans les états du roi de Prusse, et rétablir, par cette manœuvre, le théâtre de la guerre dans le voisinage des places qui tenaient encore, et qu'ils voulaient secourir.

Il ne fut point difficile à l'Empereur Napoléon de pénétrer leur plan, et désirant lui-même livrer une grande bataille pour en finir avec la Russie, comme avec l'Autriche et la Prusse, il donna ordre au maréchal Bernadotte de se replier lentement devant les Russes, afin de les attirer du côté de Mohrungen, tandis que les autres corps allaient s'ébranler pour se rendre dans cette même direction : les Russes parurent d'abord donner tête baissée dans le panneau. Mais s'étant enfin aperçus que les Français manœuvraient pour les tourner, ils ne présentèrent qu'une partie de leurs forces à Mohrungen, et refusant le reste des troupes, ils rétrogradèrent jusqu'à Liebstadt. Bernadotte culbuta le corps demeuré à Mohrungen, et les autres divisions de l'armée se portèrent à la poursuite de l'ennemi. Les Russes s'arrêtèrent d'abord à Jakouwo sur la grande route de Liebstadt. Napoléon, qui s'était porté à la hâte au village de Jeekendorf, espérait enfin se voir à même de combattre, et donnait déjà ses ordres en conséquence, lorsque les Russes, continuant leur retraite, défilèrent à la vue des Français, et se replièrent par les routes d'Areusdorff et de Landsberg. L'arrière-garde, attaquée par les ma-

réchaux Soult et Ney, accepta seule le combat.
Mais elle fut vaincue et obligée d'abandonner
Guttstadt où se trouvaient presque tous les ba-
gages et les dépôts de l'armée ennemie.

Les Russes, poursuivis dans toutes les directions, déjà débordés sur leurs deux ailes, et privés
même de l'appui d'un corps tout entier coupé à
Deppen par le duc de Berg, s'arrêtèrent derrière
le village de Preussich-Eylau dont ils occupèrent
les hauteurs environnantes, autant pour livrer
enfin la bataille qu'ils étaient forcés d'accepter
que pour donner au corps de Deppen le temps
de les rejoindre. C'est là, sur les rives glacées de
la rivière d'Alle, et le 8 février 1807, que se livra
cette horrible bataille d'Eylau, qui eût eu peut-
être des résultats non moins décisifs que les batailles d'Austerlitz et d'Iéna, si les élémens n'é-
taient point intervenus dans la querelle des deux
partis, et n'eussent point privé les Français de
la possibilité de tirer tous les avantages de leur
victoire.

L'engagement avait commencé la veille au soir,
et déjà, après des efforts héroïques, le maréchal
Soult s'était emparé de la ville d'Eylau et d'un
plateau qui commande les débouchés de la plaine.
L'Empereur y fit placer sur le champ quarante
pièces de canon destinées à battre les monticules
sur lesquelles les Russes s'étaient postés. Il envoyait en même temps aux maréchaux Ney et
Davoust l'ordre de presser le mouvement qu'il

leur avait indiqué, pour tourner l'aile droite et l'aile gauche de l'ennemi. Les deux armées bivouaquèrent dans leurs positions respectives, et se préparèrent au combat.

Il fut terrible : les Russes le commencèrent par une vive canonnade dirigée sur la ville d'Eylau, et à laquelle Napoléon fit riposter par les quarantes pièces de sa garde placées sur le plateau. Les Russes étaient rangés en colonnes à demi-portée des décharges. Aussi tous les coups portaient. Chaque boulet laissait dans la profondeur de leurs rangs des traces sensibles de son passage. Dans le même temps, le maréchal Augereau, protégé par cette formidable artillerie, manœuvrait pour attaquer de front les positions ennemies, tandis que Ney et Davoust avançaient à marches forcées pour les prendre par derrière. C'en était fait de l'armée russe ; elle était taillée en pièces si l'exécution du plan d'attaque eût dépendu entièrement de celui qui l'avait conçu. Mais, malheureusement, au moment où Augereau, que les généraux Legrand et Saint-Hilaire devaient soutenir, l'un à droite et l'autre à gauche, abordait les retranchemens russes, une obscurité profonde se répandit tout-à-coup sur les combattans, et la neige tombant à gros flocons dans la figure des Français vint achever de les aveugler. Les colonnes perdirent leur direction durant cette nuit soudaine et imprévue. Le corps du maréchal Augereau n'ayant plus d'autre guide que le bruit de l'artillerie, obliqua trop à gauche, et pour comble de contrariété, une balle ayant mis le maréchal hors de combat, la troupe, restée sans chef se débanda. Mais, par un dédommagement de la fortune, les Russes, non moins aveuglés que les Français ne s'aperçurent point du vide occasioné par cet événement dans le centre de l'armée française, et ne firent aucun mouvement pour en profiter. Averti à temps du désordre introduit dans son plan d'attaque, l'Empereur ordonne aussitôt au duc de Berg de s'élancer avec sa cavalerie dans le vide occasioné par la marche oblique du maréchal Augereau, et au maréchal Bessières de dépasser avec celle de la garde la division Saint-Hilaire, et de charger les Russes en flanc. Le jour commençait à reparaitre : les cavaliers français se précipitent et culbutent au premier choc la cavalerie russe qui voulait s'opposer à leur mouvement. Le massacre devint horrible. Deux lignes d'infanterie des Russes, qui formaient leur droite et leur centre, furent rompues et complétement repoussées : la troisième l'eût été de même s'il ne se fût pas rencontré un bois contre lequel cette ligne s'adossa, et donna le temps aux deux autres de se reformer.

Le combat recommençait avec une nouvelle fureur, lorsque les corps des maréchaux Davoust et Ney arrivèrent enfin sur le champ de bataille, et vinrent, par leur présence, fixer la victoire si longtemps indécise. Les Russes se voyant tournés et attaqués sur tous les points, se défendirent en désespérés. Ils ne cédèrent que lorsque, épuisés de fatigues, ils ne purent plus opposer de résistance. Alors ils se débandèrent et prirent la fuite; sept mille morts, à peu près autant de blessés, quinze mille prisonniers et quarante-cinq pièces de canon, tels furent les résultats de cette victoire meurtrière qui fut achetée trop chèrement par les Français, pour qu'ils pussent s'en applaudir comme d'un grand triomphe. L'armée russe avait dû son salut à l'accident éprouvé par le maréchal Augereau d'une part, et de l'autre, aux retards qui avaient empêché les maréchaux Ney et Davoust d'arriver assez tôt sur le champ de bataille. En effet, les généraux ennemis avaient commencé leur retraite aussitôt après la défaite de leur cavalerie, et dès lors il fut impossible aux Français de s'y opposer.

Mais Napoléon n'en avait pas moins obtenu le but qu'il s'était proposé. Les Russes étaient en fuite, et, sans la nuit qui commençait à tomber, il les aurait fait poursuivre avec sa vigueur accoutumée. Le prince Murat seul les avait suivis avec sa cavalerie. Leur arrière-garde ayant voulu opposer quelque résistance sur les bords de la Frischling, fut culbutée dans la rivière, et eut beaucoup de peine à atteindre l'autre rive. Les Russes se retirèrent derrière la Prégel.

Quant à l'Empereur Napoléon, satisfait d'avoir donné aux Russes une leçon qui leur ôtât l'envie

de troubler encore ses quartiers d'hiver, il donna
l'ordre à ses troupes de se replier et de venir reprendre leurs positions sur la Vistule. Il voulait
attendre le printemps pour rentrer dans la lice,
et frapper enfin le coup décisif qui forcerait
l'Empereur Alexandre à lui demander la paix.

Mais, tandis que les divisions actives de la
grande armée se livraient au repos qui leur était
si nécessaire, après tant de marches pénibles et de
travaux glorieux, celles auxquelles Napoléon
avait confié le soin d'assiéger les places qui restaient encore au roi de Prusse, reçurent l'ordre
de presser leurs opérations, et de ne rien épargner pour forcer les garnisons de capituler. C'est
à cette époque que le maréchal Lefebvre poursuivit avec vigueur les siéges des ville et forts de
Dantzick. Le voisinage de l'armée française sur
la Vistule, et la facilité avec laquelle l'armée russe
pouvait communiquer, par mer, avec la place,
allait donner à ce siége la plus haute importance.
C'est pourquoi tous les militaires l'ont jugé digne
d'une relation particulière. Puissent-ils accueillir
avec quelque bienveillance celle que nous leur
offrons! Nous aurons atteint la seule récompense
que nous avons ambitionnée en nous livrant à ce
travail!

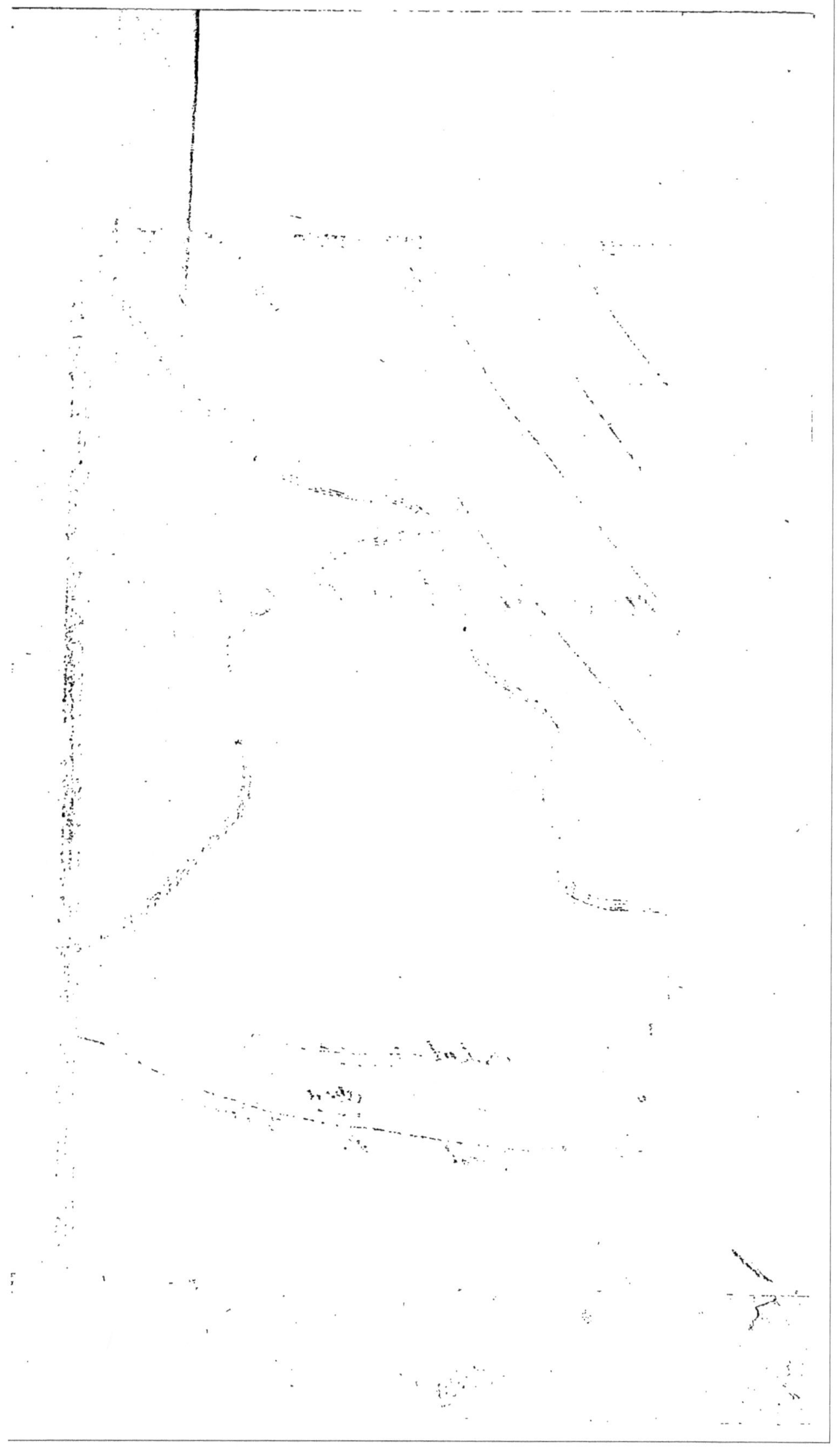

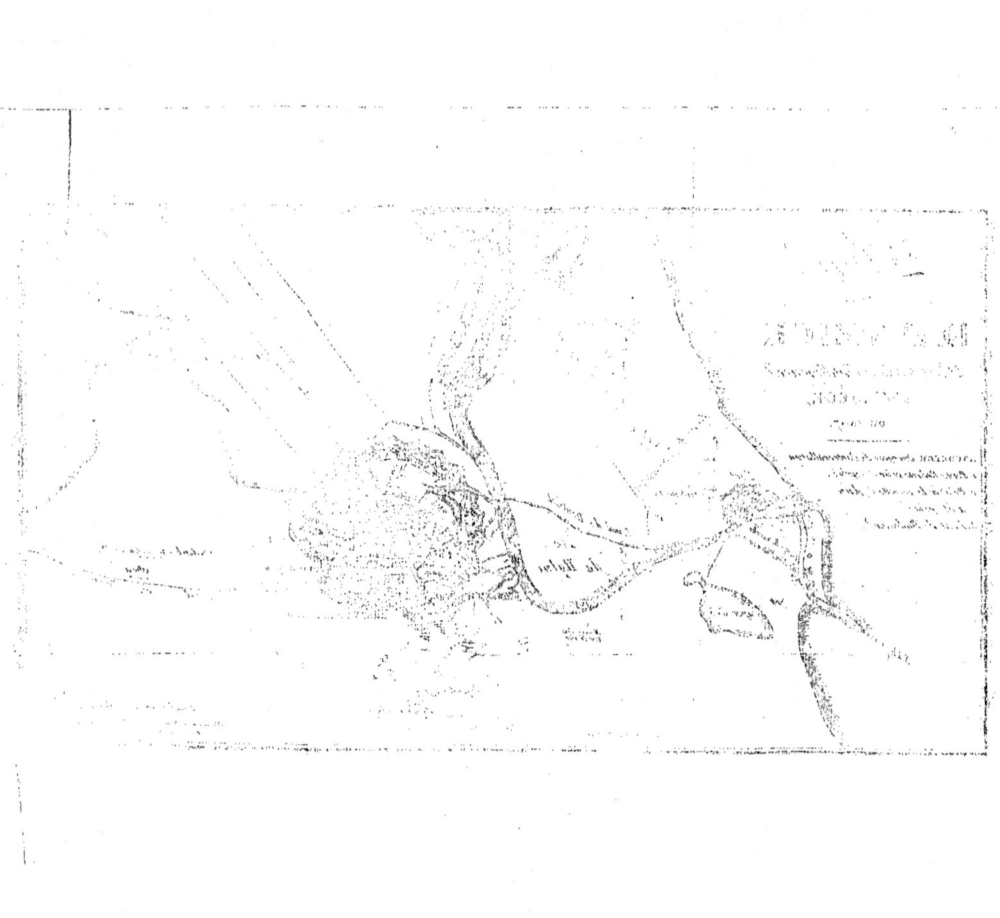

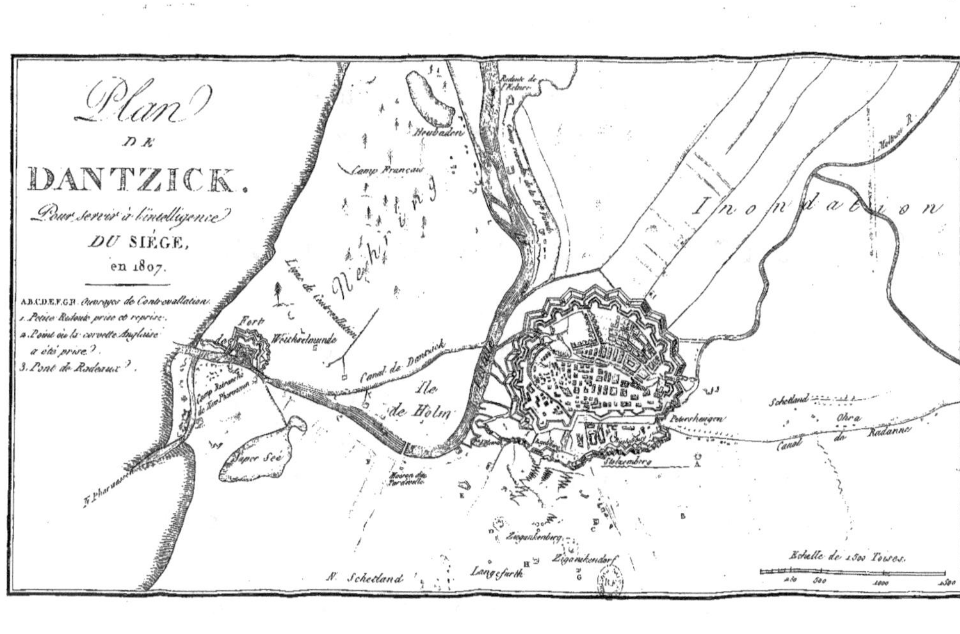

Plan
DE
DANTZICK.
Pour servir à l'intelligence
DU SIÉGE,
en 1807.
A.B.C.D.E.F.G.H. Ouvrages de Controvallation.
1. Petites Redoutes prise et reprise.
2. Point où la corvette Anglaise a été prise.
3. Pont de Radeaux.
N. Pharwasser
Fort de Weichselmünde
Camp Retranché de Neu Pharwasser
Camp Francais
Heubaden
Redoute de Weixer
Nehrung
Ligne de Controvallation
Inondation
Melbau R.
Canal de Dantzick
Ile de Holm
Japer Seé
Maison du Tourdeville
Zigankenberg
Ziganskendorf
Langefurth
N. Schotland
Schotland
Ohra
Canal de Radaune
Stolzemberg
Petershagen
Echelle de 1500 Toises.
250 500 1000 1500

SIÉGE

DE DANTZICK,

EN MIL HUIT CENT SEPT,

OU

HISTOIRE

De toutes les opérations qui firent tomber cette ville au pouvoir des Français.

OBSERVATIONS PRÉLIMINAIRES.

La ville de Dantzick a cela de commun avec presque toutes les cités célèbres, que son origine se perd dans la nuit des temps. En effet, la plupart de ses historiens se sont évertués à lui donner une haute antiquité, et les contes les plus puérils ont été inventés pour appuyer tour à tour des assertions plus ou moins hasardées. Sans nous embarrasser du soin de discuter ces assertions, qui se contrarient la plupart du temps, nous dirons seulement que l'opinion la plus commune nous paraît être que Dantzick a été fondée environ trois siècles avant l'ère chrétienne, par un roi des Goths nommé Bireeck. Ce prince, qui courait la mer baltique avec ses vaisseaux, voulut s'assurer

Siége de Dantzick.   1

de l'embouchure de la Vistule, et éleva dans l'endroit même où se trouve aujourd'hui Dantzick, un petit fort auquel il donna le nom de *Gothen-Schanz*, qui signifie *fort des Goths*. Nous n'entreprendrons point d'expliquer comment de ces deux mots est venu celui de Dantzick. Il nous suffira de dire que la ville fut successivement appelée par les Allemands et les Polonais, *Gedanck, Gedanum, Galanum* et *Gadanz*, d'où les étymologistes ont tous, avec plus ou moins de raison, fait dériver le nom moderne de *Dantzick*.

Autour du fort de *Gothen - Schanz*, élevé par le roi Goth Bireeck, il ne tarda pas à se former plusieurs établissemens de pêcheries, qui y trouvaient un abri et une protection contre les incursions des pirates. Ces établissemens attirèrent eux-mêmes d'autres classes d'habitans, et le commerce, toujours à l'affût de ce qui peut lui convenir, ayant remarqué que la position du *Gothen-Schanz*, à l'embouchure de la Vistule, était très-favorable aux opérations mercantiles, changea promptement le hameau de pêcheur en une ville. Outre l'avantage de sa position sur la mer Baltique et sur la Vistule, Dantzick avait encore celui de se trouver sur la frontière des deux grands pays connus alors, sous le nom d'Allemagne et de Pologne. Cette triple circonstance la rendit assez vite l'entrepôt général du commerce entre ces deux pays, et la ville ou fort du roi Bireeck commença dès lors à jouir d'une très-haute importance.

Dantzick, peuplée successivement par des Polonais, des Allemands, des Suédois et des Danois, paraît avoir long-temps joui de sa liberté, et n'avoir appartenu à aucun des peuples ses voisins. La richesse et l'étendue de son commerce l'ayant enfin rendue un objet de convoitise, les Poméraniens lui imposèrent le joug de leur domination, et la réunirent à leur duché. Les souverains de la Poméranie l'honorèrent même de leur protection spéciale, et son envahissement, bien loin de lui être nuisible, devint pour Dantzick une nouvelle source de prospérité. Sa population s'augmenta tellement, que sous le règne de Bugislaw, duc de Poméranie, vers l'année 1178, il fallut détruire l'ancienne enceinte, et bâtir cette partie de la ville que l'on appelle encore aujourd'hui *Recht-Stadt*.

Bugislaw IV ou Messwin II, duc de Poméranie, étant mort sans postérité, en 1295, Dantzick, en raison d'arrangemens pris antérieurement, devait passer sous la domination des grands ducs de Pologne, mais les Margraves de Brandebourg soutenus des chevaliers de l'ordre Teutonique prétendirent avoir des droits sur cette ville et prirent les armes pour les faire valoir. Cette prétention fut l'origine d'une lon-

gue et cruelle guerre qui dura 16 ans , et quoique les Dantzickois eussent eux-mèmes soutenu
les droits des grands ducs dont ils préféraient la
dépendance , leur ville n'en fut pas moins
forcée de reconnaître, en 1310, le pouvoir des
chevaliers teutoniques auxquels les Margraves ,
en leur qualité de grands-maîtres de l'ordre , l'a-
vaient cédée. Cette usurpation fut postérieure-
ment sanctionnée par un traité particulier entre
l'ordre et les grands ducs, en 1335, et confirmé
de nouveau, en 1343, par le traité dit de Kalisch.
C'est ainsi que victime de la politique des Souverains qui l'entouraient, la ville de Dantzick se
vit, ainsi que la petite Poméranie, obligée de
faire partie des possessions prussiennes de l'ordre
Teutonique.

En 1410, les chevaliers Teutons mus par cet
esprit d'ambition qui abandonne rarement ceux
qui ont la puissance en main, foulèrent aux
pieds les traités faits avec la Pologne et se portèrent en armes dans ses provinces , dans l'espoir d'ajouter de nouvelles conquêtes à celles
qu'ils avaient faites sur ce pays. Cette injuste
agression fut repoussée courageusement par les
Polonais et les chevaliers ne retirèrent de leur
expédition d'autre fruit que la ruine complette
de leurs états. Le délabrement de leurs finances
était devenu tel que pour les rétablir , ils sur-
chargèrent leurs sujets d'impositions exorbi-

tantes qui excitèrent promptement un mécontentement général. Ces exactions ruineuses devinrent pour les Dantzickois et les habitans de la petite Poméranie, un prétexte pour secouer le joug de l'ordre Teutonique. Ils levèrent l'étendard de la révolte contre leurs oppresseurs, et craignant de ne point être assez forts pour résister seuls à la vengeance des chevaliers, ils implorèrent, en 1454, la protection de la Pologne et sollicitèrent l'incorporation de leur territoire à celui du royaume. Cette proposition des Dantzickois et des Poméraniens fut acceptée avec empressement et devint l'origine d'une guerre qui dura douze ans entre les chevaliers de l'ordre Teutonique et les Rois de Pologne. Ceux-ci surent soutenir victorieusement leurs droits, et les chevaliers, vaincus dans toutes les rencontres, furent obligés par le traité conclu à Thorn, en 1466, de consentir à ce que la Prusse occidentale, la Poméranie mineure et la ville de Dantzick fissent désormais partie intégrale des états de Pologne.

La ville de Dantzick resta longtemps heureuse et florissante, sous la domination bienfaisante des Rois Polonais. En effet ces derniers monarques la comblèrent de prérogatives et de privilèges, l'affranchirent de tous tributs onéreux, reconnurent son indépendance civile, lui donnèrent le droit d'entretenir des troupes pour sa défense et celui de se gouverner d'après ses lois, ses intérêts et ses usages. Mais le royaume de Pologne étant devenu électif, en 1572, elle se vit elle-même en proie à toutes les factions et les bouleversemens qui étaient la suite de ce genre de gouvernement. Dès la première élection, qui eut lieu, en 1573, les votes de la diète se trouvèrent partagés entre le duc d'Anjou qui monta depuis sur le trône de France , sous le nom de Henri III et l'archiduc d'Autriche. La ville de Dantzick s'était déclarée hautement pour le prince Autrichien ; mais le duc d'Anjou resta trop peu de temps sur le trône (1) pour tirer vengeance du refus que les Dantzickois firent de le reconnaître. Dans la nouvelle élection qui eut lieu après le retour du duc d'Anjou en France , les polonais élurent encore deux rois , l'empereur Maximilien II , et Etienne Bathory , prince de Transylvanie. Dantzick se déclara encore en faveur du premier , dont le parti était le moins nombreux. Sommée , en 1576 , de reconnaître Etienne et d'abandonner Maximilien , la ville de Dantzick , qu'entouraient des forces considérables , répondit qu'elle y consentirait à condition qu'on lui donnerait la faculté de présenter les

---

(1) Henri, après cinq mois de règne, abandonna la couronne de Pologne pour venir prendre celle de France , restée vacante par la mort prématurée de son frère Charles IX.

motifs du refus qu'elle avait fait jusqu'alors et surtout qu'on rétablirait ses droits et priviléges dans toute leur intégrité. Cette demande de la part de Dantzick fut considérée comme une révolte ouverte contre l'autorité légitime , et Etienne ordonna d'employer la force pour soumettre les rebelles. Les Polonais du parti de Bathory se mirent donc en devoir d'assiéger Dantzick.

Cette ville avait dès cette époque des fortifications considérables ; car exposée aux incursions continuelles de ses voisins , elle avait eu soin d'employer ce moyen de se mettre à l'abri de leurs insultes. Prévoyant que les guerres civiles seraient fréquentes , depuis que le royaume dont elle faisait partie était devenu électif, elle redoubla d'efforts pour accroître ses moyens de défense , et , dès l'année 1572, elle fit venir d'Allemagne et de Hollande des ingénieurs , qu'elle chargea d'accroître ses fortifications et de faire les ouvrages nécessaires pour inonder une partie de ses approches. Dantzick se trouvait donc dans un état de défensive respectable lorsque les troupes d'Etienne Bathory en formèrent le siége. Cependant malgré sa résistance prolongée , son ennemi ayant employé pour la soumettre la méthode déjà connue du bombardement , elle fut obligée de subir la loi du vainqueur et de se rendre à discrétion : Etienne exigea que les Dantzickois lui prêtassent serment de fidélité , après avoir imploré leur pardon , imposa sur leur port un tribut considérable , se fit donner cent mille écus à titre de dédommagement et vingt mille autres écus pour la réparation de l'abbaye d'Oliva qu'ils avaient ruinée. Tel fut le premier siège que la ville de Dantzick ait eu à soutenir ; nous allons parler du second.

Après de longues et continuelles vicissitudes , au milieu desquelles les Dantzickois , profitant de l'excellence de leur position , enrichirent et agrandirent cependant leur cité , Dantzick se vit encore une fois exposée aux horreurs d'un siège. Auguste II Roi de Pologne était mort , et Stanislas Leczinscki , chéri des Polonais , dont il avait déjà été Roi, et protégé par la Prusse , fut élu pour son successeur à une grande majorité de voix. Mais il était de la destinée de ce malheureux Prince de ne point jouir de la couronne que la libre reconnaissance des peuples décernait à ses vertus. Les deux cours impériales de Vienne et de Saint-Péters-bourg qui s'étaient hautement opposées à son élection , ne voulurent point en avoir le démenti et surent si bien intriguer que trois semaines après la nomination de Stanislas , une faction qu'elles entretenaient en Pologne , élut l'électeur de Saxe , sous le nom d'Auguste III. Afin de soutenir par la force cette nomination illégitime, le nouveau Roi leva des troupes et attaqua Leczinscki du côté de la Saxe, tandis que les Russes envahissaient la Pologne de leur côté. Stanislas doué de toutes les vertus qui font les bons Rois, manquait totalement des qualités guerrières qui font les grands monarques ; aussi malgré le fidèle attachement des nobles Polonais pour sa personne, fut-il vaincu et obligé de s'enfuir presque seul pour sauver sa tête mise à prix.

La ville de Dantzick qui reconnaissait presque seule encore son pouvoir, offrit généreusement un asile au monarque fugitif et ne craignit point par cet acte de magnanimité d'attirer sur elle la vengeance des vainqueurs. En effet les Russes et les Saxons ne surent pas plutôt que Stanislas suivi de quelques nobles Polonais, s'était réfugié dans Dantzick, qu'ils coururent l'y assiéger. Le fameux comte de Munich était à la tête des troupes confédérées et c'est sous ses ordres que la tranchée fut ouverte, au commencement de mars 1734.

L'Europe entière avait les yeux ouverts sur cet événement ; on ne concevait pas comment Louis XV gendre de Stanislas, ne prenait point ouvertement sa défense et semblait lâchement l'abandonner à sa mauvaise fortune. L'étonnement augmenta encore lorsqu'on apprit que ce monarque se contentait d'envoyer, par mer, à son beau - père, un secours de 1500 hommes commandés par un brigadier. Des murmures se firent entendre de toutes parts, et en France même, on blâmait hautement la coupable indifférence du Roi. Cependant les 1500 Français étaient arrivés en vue de Dantzick. Le brigadier qui les commandait instruit du nombre des assiégeans, s'imagina que sa commission n'était point sérieuse et ne voulant point sacrifier inutilement ses soldats, alla relâcher en Danemarck. Un Français qui se trouvait dans ce royaume, allait montrer plus de courage et de générosité que le brigadier et que le Roi de France lui-même.

Le comte de Plelo, ambassadeur de France auprès du Roi de Danemarck vit avec indignation cette retraite qu'il regardait comme une lâcheté et une honte. Il prit donc la résolution de soutenir le Roi Stanislas à Dantzick ou d'y périr avec sa petite troupe. Plelo part avec les 1500 Français pour attaquer 30 mille Russes et Saxons, arrive dans la rade de Dantzick, débarque, s'avance sur trois colonnes vers les retranchemens ennemis, arrache les palissades, force les barrières et est sur le point d'entrer dans la ville. Cependant les Russes résistaient avec courage. Un grenadier de cette nation, étonné de la bravoure des Français, met en joue le comte de Plelo et ose lui dire qu'il va l'étendre mort, s'il continue à vouloir mener inutilement tant de braves gens à la boucherie. Pour toute réponse, Plelo lui passe son épée au travers du corps et poursuit sa marche. Le comte et ses grenadiers redoublent d'efforts : ils étaient sur le point de forcer la ligne lorsque le brave Plelo tombe mort, percé de mille coups. Ses soldats animés par son intrépidité se retranchent, fortifient leur camp, y soutiennent, pendant un mois, un siège et des combats continuels et ne se rendent qu'au moment d'être forcés.

Toutefois ces braves n'avaient point consenti à mettre bas les armes, avant d'avoir obtenu une capitulation honorable. Le comte de Munich avait promis de les faire conduire dans un port de la Baltique, où ils pourraient s'embarquer pour la France ; mais par une perfidie bien digne des soldats barbares qu'il commandait, le comte de Munich prétendit que la capitulation n'ayant point spécifié dans quel port de la Baltique, il devait les faire conduire, il avait le droit de les diriger sur Saint - Pétersbourg, qui est aussi un port de la mer Baltique. Cette odieuse et misérable interprétation d'une capitulation solennelle, devint pour les Français qui en furent la victime, une source inépuisable de dégoûts et d'humiliations. Déclarés prisonniers de guerre par une violation manifeste du droit des gens, ils furent promenés pendant

plusieurs jours dans les rues de Saint-Péters-
bourg et exposés aux regards ébahis des Russes,
par l'ordre exprès de l'Impératrice Anne qui, d'a-
près les principes d'ambition adoptés en Russie,
depuis le Czar Pierre Ier., était bien aise d'habi-
tuer ses sujets à l'idée que les Européens du
midi, malgré tous leurs arts, n'étaient pas invincibles. L'histoire ne nous apprend pas ce que
sont devenus ces 1500 Français. Son silence à
cet égard nous laisse à penser qu'ils ont péri
misérablement dans ce climat barbare, et regret-
tant à leur dernière heure le doux ciel de leur
patrie. (1)

Privé des secours qu'il avait droit d'attendre

***

(1) Nous n'avons pu nous refuser au plaisir de rapporter,
dans tous ses détails, l'histoire des 1500 braves que la Cour
de France n'avait pas rougi d'envoyer au malheureux
Stanislas. Ces braves étaient aussi des Français, et si le
souvenir de leur généreux dévouement était resté dans la
mémoire des Dantzickois, ceux-ci durent trembler, lorsqu'ils se virent assiégés, en 1807, par une armée de
Français.

Nous prendrons occasion de ce récit, pour faire remarquer dans quel excès l'esprit de parti peut faire tomber
des écrivains, d'ailleurs judicieux. Entraîné par son en-
gouement pour la Russie, Voltaire, rapportant une partie
des faits que nous venons de signaler, s'efforce d'excuser
les Russes, et va jusqu'à vouloir prouver que les traitemens ignominieux que les 1500 Français essuyèrent à
Saint-Pétersbourg, furent autant de marques d'honneur
et de témoignages d'estime de la part d'une nation qui ne
savait pas même encore ce que c'était que l'honneur. Voilà
pourtant comment tant d'écrivains français, qui ont pris
à tâche de vanter la Russie, ont préparé, sans s'en douter,
l'asservissement de l'Europe et peut-être de leur patrie!

de son gendre , le Roi Stanislas ne voulut pas
rester plus longtemps pour la ville de Dantzick,
une cause de ruine et de destruction. Voyant les
maisons de cette cité fidèle à moitié consumées
par le bombardement des Russes , et craignant,
si elle était prise d'assaut , de tomber entre les
mains de ses plus cruels ennemis, Leczinscki qui
avait été deux fois Roi de Pologne se déguisa en
matelot et ce n'est qu'à l'aide de ce travestis-
sement qu'il parvint à s'échapper, presque seul ,
en traversant les positions ennemies, au milieu
des plus grands dangers. Cependant l'évasion du
Roi ne ralentit pas le zèle des Dantzickois. Ils
se défendirent longtemps encore avec courage
et ne consentirent à capituler, le 9 juillet 1734,
que lorsqu'il ne leur resta plus aucun moyen de
résistance. Auguste III en faisant son entrée
dans la ville, et voyant son état de délabrement,
put facilement se convaincre combien il en coûte
aux peuples pour recevoir des Rois malgré eux.

Dantzick obligée de se soumettre au Roi qu'elle
ne voulait pas , conserva néanmoins ses priviléges et tous les droits qui lui avaient été accor-
dés par les différens souverains de Pologne.
Elle survécut même au démembrement immoral
de ce malheureux pays, en 1773 , et continua
d'appartenir à cette partie de la Pologne que la
Russie , l'Autriche et la Prusse n'avaient pas
encore osé s'approprier. Mais la richesse de cette

ville et la commodité de son port étaient pour cette dernière puissance autant de motifs pour ambitionner sa possession. N'osant point s'en emparer de force, le Roi de Prusse s'efforça d'amener sa soumission volontaire, en gênant son commerce, établissant des droits sur la Vistule et sur toute les côtes de la mer, et surtout en favorisant, à son détriment, le commerce des villes voisines. Cependant, tel était l'attachement des Dantzickois pour la Pologne, et surtout leur amour pour l'indépendance dont ils avaient toujours joui sous la domination Polonaise, qu'ils aimèrent mieux supporter toutes les privations que de se soumettre à la Prusse.

Enfin, en 1792, au moment où le partage définitif des états de Pologne allait être fixé entre les anciens copartageans, la Prusse obtint de la Russie et de l'Autriche l'autorisation d'employer la force des armes, pour s'emparer de Dantzick. C'était, disait-elle, un faible dédommagement de tous les efforts que faisait son peuple pour soutenir la guerre contre la France. Dantzick éprouva donc le sort des états riches et faibles; elle devint la monnaie avec laquelle les puissances du nord s'acquittèrent de leurs obligations envers la maison de Brandebourg. Le général Prussien de Blomer en forma le blocus exact, le 8 mars 1793, puis somma la ville de reconnaître la domination Prussienne, sous peine d'exécution militaire.

Le peuple Dantzickois n'écoutant que sa haine contre les Prussiens, voulait se défendre en désespéré. Mais les vœux du peuple, si rarement consultés par les hommes puissans, furent vivement repoussés par les habitans riches qui craignaient d'opérer leur ruine, en résistant aux Prussiens, et dont un grand nombre était d'ailleurs gagné d'avance par les promesses flatteuses du Roi. Le sacrifice de la liberté parut moins pénible que celui de la richesse, et par un acte que, sans doute, il n'avait pas le droit de consentir, le sénat livra la ville et son territoire au Roi de Prusse ; mais retenu par une dernière honte, il stipula pour que les forts fussent livrés secrètement. Cette réserve faillit devenir funeste aux Prussiens et aux riches Dantzickois eux-mêmes.

En effet le 3 avril, les Prussiens, suivant la convention, se mettaient sécrètement en possession des lieux fortifiés. Quelques hommes du peuple qui s'aperçurent de leurs mouvemens, s'imaginèrent qu'ils cherchaient à surprendre la la ville et crièrent aussitôt *aux armes*. Au même moment toute la population de Dantzick se trouve rassemblée ; les soldats eux-mêmes se révoltent contre leurs officiers qui voulaient les retenir. Le peuple se précipite en foule et tire sur les Prussiens. Un autre rassemblement s'étant emparé des batteries, placées sur les hauteurs du Cavalier, les dirige sur le faubourg de Neu-

garten , habitation ordinaire des riches Dantzickois. La guerre civile avec toutes ses horreurs ,
allait éclater dans cette malheureuse cité , si les
Prussiens, déjà maîtres des forts principaux du
Hagelsberg et du Bischoffberg, n'eussent dissipé
les rassemblemens , en braquant sur eux leurs
canons. Le peuple fut donc obligé de se soumettre tout en criant *à la trahison ;* et de ce
moment la ville de Dantzick devint une annexe
de ce royaume de Prusse, formé depuis deux
siècles, d'une suite non interrompue d'usurpations et d'injustes envahissemens. La chûte de
Dantzick devenait le signal de la ruine totale du
royaume antique de la Pologne (1).

Dantzick en perdant ainsi sa liberté, recouvra
promptement cette opulence qui , dans nos cités

---

(1) Il n'est point d'événement qui ait excité autant de
réclamations que cette infame radiation d'un peuple tout
entier sur la carte du monde; mais, que peuvent les réclamations des écrivains philosophes et des moralistes,
contre les éternelles usurpations des princes de la terre !
La Pologne, dont le démembrement avait commencé, en
1773 , se vit entièrement partagée, en 1794, après cette
lutte généreuse où le célèbre et malheureux Kosciusko
se couvrit de toutes les gloires de la vertu et du patriotisme. Exemple mémorable des contradictions qui se rencontrent dans les conseils des rois ! La Pologne était ainsi
partagée, et se voyait enlevée à son souverain *légitime*
au moment même où les princes étaient tous en armes et
répandaient des flots de sang humain pour forcer une nation républicaine à rentrer sous la domination d'un monarque qu'ils disaient aussi être le seul *légitime.* Il
nous semble qu'il est difficile de mieux prouver que les
rois ne reconnaissent de *légitimes* que leurs seuls intérêts.

modernes, semblent tenir lieu de tout. Le commerce encouragé par la Prusse reprit un immense
développement et son port devint de nouveau
l'entrepôt général où venaient se rendre les marchandises et les productions du nord ou du midi
de l'Europe. Quelques bons esprits gémissaient
encore d'avoir été obligés d'accepter la domination despotique et militaire de la Prusse. Plusieurs mouvemens insurrectionnels eurent même
lieu dans les momens qui suivirent la prise de possession. Mais tous les efforts des Dantzickois
pour briser les chaînes de leur esclavage, furent
facilement comprimés par les Prussiens, à la disposition desquels se trouvaient tous les ressorts
de la puissance et qui pouvaient traiter les habitans en sujets vaincus. Car l'imprévoyance ou
plutôt la lâcheté du Sénat, en traitant avec le
Roi, avait été telle qu'il n'avait fait aucune
stipulation pour la conservation des prérogatives
et des privilèges dont jouissait autrefois la ville.

Telle est l'histoire abrégée de la ville de
Dantzick, et telle était sa situation politique
au moment où la Prusse se mit en tête de
déclarer la guerre à la France. Nous allons
maintenant entrer dans quelques détails sur sa
statistique et dire quels furent les préparatifs
des Prussiens pour la défendre et des Français
pour l'attaquer.

Siége de Dantzick.   2

STATISTIQUE *de la ville de Dantzick.*
Commencement du siège par les Français.

Nous avons déjà dit que la ville de Dantzick est située sur la mer Baltique, à l'embouchure de la Vistule. Elle est traversée du sud au nord par la rivière appelée la *Molteau*. Cette rivière qui va se jeter dans la Vistule, à la queue des glacis de la ville, sert de canal de communication pour les bâtimens marchands qui arrivent à Dantzick et qui en partent. Un bras de cette rivière forme une île que les habitans nomment Speicherstadt. Nous verrons plus bas que la Molteau est très-utile à la défense de la ville, en ce qu'elle entretient le système d'inondation créé autour de son enceinte.

Dantzick est sous le 54e. degré de latitude nord et le 27e. de longitude. Le baromètre y est extrêmement variable. Le thermomètre de Réaumur s'élève ordinairement de 20 à 22 degrés pendant l'été; on l'a vu monter jusqu'à 26, mais très-rarement. En hiver, le froid est habituellement de 18 à 20 degrés au-dessous de zéro; on le voit assez souvent descendre jusqu'à 24.

Ces indications suffisent pour démontrer que le climat doit y être extrêmement rigoureux l'hiver. La situation de la ville, dans un terrain bas et presque en entier marécageux, en rend le séjour très-mal sain pendant l'été. La peste s'y est manifestée plusieurs fois, et un auteur Dantzickois, dont nous avons l'ouvrage sous les yeux, prétend qu'en 1700, cet affreux fléau enleva plus de trente-deux mille habitans. Cette assertion nous paraît très-exagérée, aussi nous gardons-nous bien de l'affirmer.

On remarque à Dantzick tous les édifices qui se rencontrent ordinairement dans les villes grandes et riches. Cependant, l'aspect général en est triste ; car les rues y sont étroites, et les maisons bâties lourdement, dans l'ancien goût gothique. Mais autant l'intérieur est désagréable, autant les dehors sont délicieux et romantiques. Il est peu de cités en Europe qui présentent dans leurs entours des paysages aussi riches et aussi variés. Tous les voyageurs se sont comme entendus pour admirer et célébrer la beauté pittoresque des environs de Dantzick. D'un côté, disent-ils, on croit voir la Hollande en miniature ; et de l'autre, un abrégé des vallées des Alpes. A chaque pas, enfin, on trouve des sites qui semblent retracer aux yeux de l'observateur les beaux paysages de l'Italie. Quel dommage que la nature n'ait pas mis le climat de Dantzick en harmonie avec une position aussi heureuse ! Les Dantzickois ne jouissent de leurs magnifiques environs que pendant deux ou trois mois de l'année.

S'il est vrai que la peste de 1700 ait fait périr à

Dantzick plus de trente-deux mille individus, il est probable que la population de cette ville était plus considérable qu'en 1807, époque où les Français l'assiégèrent. Cette différence, au reste, ne nous étonnerait pas. Car, en 1700, Dantzick jouissait encore de toute la plénitude de sa liberté politique, et l'expérience a prouvé depuis long-temps que les peuples qui sont libres, ont une population bien plus nombreuse que lorsqu'ils sont courbés sous les chaînes de la servitude. Quoiqu'il en soit, Dantzick, au moment où elle fut assiégée par les Français, ne comptait plus que quarante-quatre mille cinq cent onze habitans, parmi lesquels on trouvait quarante-trois mille deux cent soixante-sept luthériens, calvinistes et catholiques, quatre cent cinquante-huit anabaptistes, et sept cent quatre-vingt-six juifs.

Toute cette population tirait son existence du commerce qui, diminué considérablement, ainsi que nous l'avons dit, depuis le premier démembrement de la Pologne, était devenu florissant depuis que, possédée par la Prusse, Dantzick avait été délivrée de toutes les entraves que cette puissance avait mises sur sa navigation. Sa marine marchande, en 1807, consistait en quatre-vingt quinze bâtimens de différentes grandeurs appartenant à des particuliers.

Peu confiante dans les dispositions des habitans

à son égard, la cour de Prusse entretenait à
Dantzick une garnison nombreuse, toujours prête
à s'opposer à tout mouvement suspect. Le général
de cavalerie comte de Kalkreuth, l'un des guerriers les plus distingués de la Prusse, et peut-être
son plus habile capitaine, avait été long-temps
gouverneur de la ville, et tel est toujours l'inévitable empire de la vertu sur tous les cœurs,
que ce vieux général avait réussi à se faire aimer
des Dantzickois, et serait peut - être parvenu
à étouffer chez eux le souvenir de leur ancienne
indépendance, si jamais un peuple, à moins de
tomber dans l'abrutissement, pouvait oublier
qu'il a été libre. Toutefois, pendant le commandement de ce respectable vétéran des armées
prussiennes, la tranquillité la plus parfaite régna
dans Dantzick, et si les habitans ne se croyaient
pas heureux, ils paraissaient au moins résignés.
La douceur et l'affabilité du comte de Kalkreuth
faisaient supporter la domination étrangère, et on
aurait cru manquer à un bienfaiteur, et se montrer coupable d'ingratitude si l'on eût forcé le
gouverneur à sortir de son caractère et à employer les voies de la rigueur.

Mais lorsqu'en 1806, le roi de Prusse, décidé à la guerre, eut rappelé le comte dans ses
conseils, le véritable esprit des habitans ne
tarda point à se manifester. Le général Kalkreuth avait été remplacé par le général de
Manstein, homme aussi dur et aussi fier que le

premier était bon, affable et humain. Pénétré des principes du grand Frédéric, et les suivant servilement à la lettre, il s'était persuadé que pour maintenir la discipline, il fallait avoir un cœur de roc et un front d'airain. Tout ce que la sévérité militaire a de plus rigoureux lui semblait encore trop doux, et ses punitions ordinaires étaient la bastonnade et la fusillade. Manstein était secondé dans ses mesures despotiques par le major-général de la place Homberger, homme non moins dur que le gouverneur; par le capitaine et major de place Hach, qui participait aux défauts des deux autres; enfin, par le lieutenant commandant du génie de la place de Pullet, qui joignait aux vices des précédens celui d'une avarice sordide, à laquelle rien ne coûtait pour se satisfaire (1).

Il est facile d'imaginer qu'avec de tels hommes

______

(1) L'anecdote suivante fera connaître quelle était l'opinion des Prussiens eux-mêmes au sujet de ce M. de Pullet. Nous la tirons d'une relation allemande du siége de Dantzick, imprimée sans nom d'auteur, à Leipsick, en 1808, chez Henri Graff. « Lorsque M. de Pullet, » dit l'auteur allemand, retournait à Berlin après la » reddition de Dantzick, un homme indépendant disait » en le voyant passer : *Mon dieu, comme la fortune* » *vient dans ce monde! J'ai vu, il y a cinq ou six* » *ans, ce Monsieur venir sur un mauvais bidet de poste,* » *et le voilà qui retourne dans une bonne voiture à six* » *chevaux, et suivi d'un charriot aussi à six chevaux!* » *Dieu l'a béni, sans doute.* » Cessons donc de nous étonner que les héros prussiens se soient montrés si avides de s'approprier le bien d'autrui en France, puisqu'ils se font si peu de scrupule de piller leurs propres concitoyens.

les Dantzickois durent promptement regretter
le comte de Kalkreuth. Ils éprouvèrent tant de
vexations, et leur mécontentement devint tel,
qu'oubliant la force de leurs tyrans, ils tentèrent
de secouer le joug en se révoltant. Mais le terrible Manstein et ses trois lieutenans n'eurent
besoin que de déployer leurs moyens pour ré-
fréner ce dernier élan vers la liberté. Les Dantzickois, remis dans les fers, ne retirèrent
d'autre fruit de leur résistance, que de voir
aggraver leurs peines. Déjà la nouvelle du désastre de Jéna était parvenue à Dantzick, et
la rage des généraux prussiens s'en était accrue.
Pressés par le gouvernement d'employer la plus
grande promptitude pour mettre la ville de Dantzick dans le meilleur état de défense possible, ils
accablèrent de vexations les malheureux habitans, et bientôt les forcèrent de travailler eux-
mêmes à la destruction de leurs propriétés.

Afin d'augmenter la garnison déjà très-nom-
breuse qu'il avait sous ses ordres, le gouverneur
Manstein déclara la levée et l'enregimentement
de tous les habitans de la ville et des campagnes,
en état de porter les armes. Les Dantzickois reçurent l'ordre de s'approvisionner pour six mois.
Tous ceux qui ne faisaient point partie de la levée furent en outre mis en réquisition pour la
confection des munitions de tout genre et des
travaux nécessaires pour réparer ou augmenter

les fortifications existantes. Le commandant du génie de Pullet décida qu'il serait formé autour de la ville une double enceinte de palissades. Jour et nuit les habitans se virent obligés de fabriquer les pieux qui devaient les former, et à cet effet le gouverneur ordonna l'abattage de tous les arbres dont les fossés étaient garnis, de tous ceux qui couvraient les charmantes promenades qui entourent Dantzick, et enfin de tous ceux qui se trouvaient sur les places, et dans plusieurs des rues mêmes de la ville (1). On fait monter à plus de cent mille le nombre dés pieux destinés à former ces palissades.

Bientôt le bruit se répandit que l'armée française approchait, et l'arrivée du roi de Prusse à Kœnisberg ayant confirmé cette nouvelle, le général Manstein voyant que Dantzick était menacé d'un prochain siége, ordonna la destruction des faubourgs de la ville. On commença par celui de Neugarten, le plus beau de tous, le plus sain, et situé dans une position ravissante. Les plus riches Dantzickois y avaient leurs habitations, et des valeurs immenses en meubles et en marchandises s'y trouvaient rassemblées. Il fallut

____

(1) Les Dantzickois portaient une sorte de vénération à ces arbres séculaires, épargnés lors du siége de 1734. L'auteur, que nous avons déjà cité, rapporte qu'un habitant fut si peiné de voir abattre ceux qui ombrageaient sa maison, qu'excité par une sorte de vertige, il tira sur les travailleurs. Manstein le fit pendre.

que les habitans y missent eux-mêmes le feu ; et
en peu d'heures, tout ce séjour du luxe , des
plaisirs et de l'opulence , devint la proie des
flammes. Des cris de douleur , d'effroi et de
fureur s'élevaient de toute part vers le ciel. Ce
spectacle horrible de la destruction frappait de
terreur tous les assistans , et le désespoir des
malheureux , ainsi restés sans asile , venait encore augmenter l'épouvante universelle.

Les faubourgs de Stolzenberg et de Schettland
devaient aussi être incendiés. Le premier seul le
fut dans le premier moment. Les Dantzickois pré-
tendent que le gouverneur Manstein ayant reçu des
habitans du dernier faubourg une forte somme,
avec une pièce de vers où on l'appelait *le père
et le sauveur du peuple*, avait donné l'ordre de
l'épargner. Mais ce ne fut pas pour longtemps
et quelques jours avant l'investissement complet
de la place , Schettland aussi bien que les faubourgs Grand , Petershuigen , Lansberg, et les
villages de Schillmulh , Solze, Holm, Legen ,
Brasen, Mrende, etc., furent aussi livrés aux
flammes. Il serait impossible d'évaluer les richesses immenses qui furent ainsi consumées dans
ces divers incendies. Les habitans en ont
porté l'estimation à plus de 12 milions. Ces incendies avaient d'ailleurs l'avantage de démas-
quer le front des ouvrages de la place, de manière
à en rendre l'accès et les reconnaissances très-

difficiles. Les Dantzickois étaient tous plongés
dans le désespoir. Epuisés de fatigues, accablés
de vexations et d'humiliations de toute espèce,
ils maudissaient Maustein et soupiraient après
le retour du général Kalkreuth ; mais ils devaient
souffrir long-temps encore avant de voir en cela
leurs vœux exaucés.

Cependant les Français avaient poursuivi leur
marche victorieuse et s'étaient portés avec la
rapidité d'un torrent dans la Pologne à la rencontre de l'armée Russe , qui venait se joindre
aux débris du roi de Prusse. Obligé de s'éloigner
des places fortes qui tenaient encore, l'empereur
avait ordonné la formation d'un dixième corps
d'armée , destiné à appuyer ses derrières et en
même temps à former l'investissement et le siége
de ces places. Ce dixième corps , formé à Stettin
par le général Victor, avait été mis sous le commandement en chef du maréchal Lefebvre. Il
était composé de différentes troupes levées en Pologne par le général Dombrowski, du contingent
fourni par le grand duché de Bade , de celui de
la Saxe alliée de la France, depuis l'envahissement
de la Prusse et enfin de plusieurs corps Français.
Mais les divers événemens militaires qui suivirent
l'entrée des Français en Pologne , empêchèrent
longtemps le maréchal Lefebvre de s'occuper des
sièges dont il avait d'abord été chargé. Obligé de
combattre pour soutenir les mouvemens de la

grande armée française , il se contenta de faire investir les forteresses de Colberg, de Graudentz, et la place de Dantzick , attendant que les victoires de l'empereur le missent enfin à même de former le siège en règle de cette dernière ville.

La division Polonaise du général Dombrowski s'était seule approchée de Dantzick et avait pris position sur la rive gauche de la Vistule. Le général Menard qui commandait la division des troupes Badoises vint l'y joindre dans le courant de février et battit à son arrivée les troupes de la garnison de Dantzick qui étaient sorties de Dirschau à sa rencontre. Les deux corps s'établirent alors à Mewe , le général Dombrowski ayant sa droite appuyée à la Vistule et à sa gauche le général Menard. Dombrowski se voyant ainsi renforcé résolut d'attaquer les troupes dantzickoises qui n'avaient cessé de l'inquiéter et qui occupaient des positions avantageuses à Dirschau, Muhlbanck et Schonck. Le 22 février , le général polonais fit faire en conséquence , du côté de Gemblin , une reconnaissance commandée par le colonel Dombrowski , son fils ; et composée de son régiment de cavalerie , de deux pièces de canon et de quatre compagnies de chasseurs.

Le 23 février au matin Dombrowski mit toutes ses troupes en mouvement pour l'expédition qu'il projetait et transmit au général Menard, l'ordre de faire occuper Schonck, par le détachement qu'il avait placé à Stargard, de marcher lui-même avec sa division par la route qui va de cette ville à Dirschau et de se porter ensuite à gauche pour couvrir la grande route de Dantzick. La division de droite, qui était directement sous ses ordres, prit le chemin qui de Kaskawise passe par Zeizingen et conduit à Dirschau sur la droite de la Vistule.

Les deux colonnes marchèrent à la même hauteur jusqu'à portée de canon de la ville. Le général Menard fit alors avancer ses troupes légères, commandées par le général Puthod, à la rencontre d'une colonne ennemie qui se présentait pour soutenir les troupes dantzickoises établies dans Dirschau et prit position près de la ville.

Les Prussiens en étaient sortis et s'étaient portés en avant. L'avant-garde de la division de droite, commandée par le général polonais Nimoiewski, commença l'attaque. Elle fut si brusque qu'elle culbuta l'ennemi et le força de rentrer dans le faubourg, malgré le feu très-actif de son artillerie et de son infanterie. Il s'y posta très-avantageusement et se défendit avec vigueur jusqu'à ce que forcé de toute part par les assaillans, il prit le parti de se retirer dans la ville, après avoir mis le feu aux maisons qu'il abandonnait.

Le commandant prussien avait rassemblé dans cette ville une force d'environ quinze cents hommes. Il retrancha la majeure partie de son monde dans une église et dans un cimetière qu'il avait eu la précaution de fortifier, et s'y défendit avec une opiniâtreté qu'augmentait encore l'espoir d'un prompt secours qui lui était promis. Mais déjà les troupes du général Menard venaient de couper cette colonne de renfort. Attaqués par une artillerie parfaitement servie, les Prussiens y répondirent non moins vigoureusement avec la leur ; mais malgré tous leurs efforts, les troupes badoises et polonaises forcèrent les Prussiens et s'emparèrent de la ville, sous une grêle de balles, de boulets et d'obus, au milieu des flammes d'un faubourg incendié, à travers la mitraille qui partait des retranchemens de l'ennemi et de la fusillade qu'il dirigeait des toits et de toutes les fenêtres des maisons, devenues pour lui autant de retranchemens qu'il fallait emporter à la bayonnette.

Une partie de la troupe dantzickoise grimpa sur les murs de la ville et tenta de se sauver en passant de l'autre côté de la Vistule ; mais la mort, que les vaincus fuyaient, les attendait dans le fleuve, dont les eaux n'étaient pas gelées assez solidement pour pouvoir leur offrir un passage. Tout ce qui ne se noya pas dans la Vistule fut obligé de se rendre prisonnier. La ville de Dirschau offrait un spectacle épouvantable ; ses rues et ses maisons étaient rouges de sang et jonchées des cadavres des Prussiens massacrés sans pitié par les Polonais et les Hessois, que leur longue résistance avait irrités. Un major, huit capitaines, dix lieutenans, six cents soldats et trois pièces de canon restèrent entre les mains des vainqueurs.

Pendant que cette attaque glorieuse contre Dirschau avait lieu, le général Menard obtenait les mêmes avantages sur la colonne de secours dont son avant-garde avait arrêté la marche; elle était composée de deux mille hommes d'infanterie, soutenus par quatre escadrons et par quelques pièces d'artillerie. La résistance qu'elle opposa fut assez forte tant que les troupes de la ville purent tenir; mais dès qu'elles furent obligées de céder, le corps de secours, découragé par l'échec qu'elles éprouvaient sous ses yeux, fut mis en déroute et fit sa retraite sur la route de Dantzick, en laissant, sur le champ de bataille, au moins huit cents hommes tués et soixante blessés, dont douze officiers.

Dans ces deux combats, les troupes polonaises et hessoises s'étaient montrées les dignes rivales de celles de la France. Quels prodiges ne peut pas produire l'influence d'un grand homme! Il semblait qu'en combattant dans les rangs des soldats de Napoléon, les troupes alliées avaient acquis le droit de partager les lauriers français. Les limites que nous nous sommes imposées nous empêchent de citer tous les traits de bravoure qui couvrirent de gloire les deux divisions hessoise et polonaise. Qu'il nous soit au moins permis de citer les noms des généraux Nimoiewski, Puthod et Kosinski ; des colonels Dombrowski et Hauke, chef de l'état-major ; des princes Sulkowski et Mojelewski ; du major Brunken, et des lieutenans Charelot de l'artillerie, et Bergonzoni, adjoint à l'état-major, qui tous se distinguèrent en donnant à leurs troupes l'exemple de la valeur et de l'intrépidité (1).

Les Prussiens, épouvantés de la rapidité avec laquelle ils avaient été chassés de leurs positions, abandonnèrent précipitamment les abords de Dantzick et se replièrent sur la ville. Les vainqueurs s'établirent alors à Dirschau, à Muhlbanck et Schoneck, et occupèrent les hauteurs de Rosemberg. Le général Ménard, qui avait pris la droite, s'appuyait à la Vistule ; le maréchal Lefebvre, que vint rejoindre son corps d'armée le 28 février, établit son quartier général à Dirs-

____

(1) Le général Dombrowski fit dans cette journée la dure expérience de deux sentimens également vifs, et dont l'impulsion l'entraînait en sens contraire. Le colonel, son fils, eut le bras fracassé en combattant bravement à ses côtés. Le père, malgré sa douleur, dut en ce moment céder à son devoir de général, et ce ne fut qu'à la fin du combat qu'il se permit de prendre connaissance de l'état de son fils. Lui-même avait reçu un coup de feu qui lui traversa la jambe. Son cheval avait été tué sous lui ; pour le remplacer, il saute sur celui du lieutenant chef de son état-major Hauke, et continue de donnes ses ordres avec le même sang froid que s'il n'eût pas été blessé, et qu'il n'eût pas vu son fils en danger.

chau, où il resta jusqu'au 9 mars, afin d'attendre les renforts qui lui étaient promis.

La retraite des Prussiens et leur retour précipité à Dantzick avaient répandu la terreur dans la ville et dans tous les villages qui l'environnent; depuis qu'il devenait certain que Dantzick serait assiégé, le mécontentement des habitans avait encore augmenté. Le gouverneur de Manstein, pressé par la cour de Prusse de ne rien épargner pour accroître les défenses de la place, devenait encore plus rigoureux et les malheureux Dantzickois, aussi bien que les habitans de la campagne, étaient accablés de corvées et de vexations de toute espèce. La conduite des Prussiens était devenue si insupportable, qu'un grand nombre des habitans de la campagne profitèrent de la présence des Français pour s'insurger contre les troupes de Manstein qu'ils chassèrent de chez eux et forcèrent de rentrer dans la ville. L'intérieur de Dantzick offrait l'aspect le plus triste et le plus lamentable; le gouverneur avait poussé ses précautions vexatoires jusqu'à défendre de s'entretenir en public et surtout d'annoncer des nouvelles. Une foule de citoyens faisaient des vœux pour que les Français s'emparassent promptement de la ville.

De telles dispositions étaient trop favorables aux projets du maréchal Lefebvre pour que celui-ci ne s'empressât pas d'en profiter. Il fit occuper avec soin tous les villages dont les habitaus avaient chassé les Prussiens, et quoiqué le dixiè-me corps fût loin encore d'être complet, il manœuvra pour passer en avant et occuper successivement les approches de Dantzick. L'île de Nogat, Furstenwerder, Kœsensmarck, Munchengrebin, Rostau et Halsberg furent enlevés aux Prussiens, après plusieurs petits combats où les Français gardèrent toujours l'avantage. Le maréchal Lefebvre établit son quartier général le 10 à Rosemberg. Les Français étaient reçus presque partout comme des libérateurs.

Pendant que le maréchal Lefebvre gagnait ainsi du terrain, une partie des troupes qui devaient composer son corps d'armée opéraient leur jonction, et le parc d'artillerie commençait à se rassembler. Le 12 mars, le maréchal se crùt assez fort pour marcher encore en avant, et les troupes prussiennes s'étant retirées à son approche, il distribua les siennes dans les positions suivantes :

Le premier bataillon d'infanterie légère française à Orhra, un bataillon saxon à Saint-Albrechtz, deux autres bataillons saxons à Borgfeldt, et deux autres à Tiffensée et Kemlade; la division polonaise occupa Schonfeld, Kowat, Lankorin; la division badoise, Vonnenberg, Schedelkau, Neukacd, Michau; la légion du Nord fut placée à Pitzkendorf et Langfurth; le

premier bataillon polonais à Plemendorf et Wes-
linski ; les cuirassiers saxons à Guirschkens ; les
chevau-légers, aussi Saxons, à St.-Albrechtz ; le
dix-neuvième régiment de chasseurs français à
Borgfeld , et le vingt-troisième à Schedelkan ; les
dragons et les hussards de Bade à Vonnenberg ;
les lanciers polonais à Langfurth. Le front de cette
position générale était en partie garanti par la
rivière de Radanne. Le grand parc d'artillerie
fut établi à Langnau. Le général Puthod , qui le
commandait , fit retrancher la tête de ce faubourg et poussa ses avant-postes jusqu'à Schettland et Schell-Mühl.

Le 16 mars, le maréchal Lefebvre fit attaquer
le poste de Stolzemberg, qu'occupait un fort détachement prussien ; ce village fut emporté après
une vigoureuse résistance, et les Prussiens, poursuivis la bayonnette aux reins jusqu'au faubourg
de Scheidlitz , voulurent vainement essayer de
le conserver. Repoussés avec perte , ils furent
obligés de fuir en désordre, abandonnant le faubourg et deux pièces de canon. Le général Ménard qui commandait cette expédition se retrancha dans Scheidlitz par différentes coupures et
se lia avec le général Puthod par les revers de
Zigankerberg. Le général Gardanne, aux ordres
duquel étaient les deux brigades Puthod et Ménard , établit son quartier général à Pitzikendorf.
Le faubourg de Stolzemberg , occupé par les

Polonais, fut également fortifié par des coupures.
Les Saxons, avec le troisième régiment d'infanterie légère, occupèrent les hauteurs de Jesuitel-
berg, le faubonrg d'Orhra et les digues, qui, de
Saint-Albrechtz, se dirigent vers la Molteau. Le
maréchal Lefebvre fit reposer ses troupes jusqu'au 19.

La veille, c'est-à-dire le 18 mars, avait été
un grand jour pour les Dantzickois ; ils s'étaient
vus débarrassés du gouverneur Manstein, et
avaient reçu dans leurs murs celui qu'ils récla-
maient depuis long-temps comme leur sauveur.
Le comte de Kalkreuth, envoyé par le roi de
Prusse, arrivait de Kœnisgberg par Pillau, accompagné seulement de quelques officiers ; mais
précédé par sa renommée. Le vénérable vieillard, aux acclamations d'alégresse et de joie qui
l'accueillirent sur son passage, put se persuader
combien son retour à Dantzick était désiré. Une
foule immense de peuple, de tous les âges et de
toutes les conditions, s'était précipité à sa rencontre, et le saluait du nom de père et de sauveur ; plusieurs embrassaient ses genoux, cares-
saient son cheval, le regardaient avec attendrissement, et s'écriaient en chœur : *Voilà notre
père, il va nous aider.* Le noble vieillard était
fort ému ; il saluait avec aménité ses connaissan-
ces, et appelait les Dantzickois ses chers amis,
leur promettait que tout irait bien, et réclamait

surtout leur confiance. Quel touchant spectacle que celui de ce guerrier en cheveux blancs, s'avançant parmi les Dantzickois, comme au milieu de ses enfans, et recevant avec la modestie du vrai mérite, les hommages rendus à ses vertus ! Le maréchal Lefebvre allait donc trouver dans le comte de Kalkreuth un rival digne de lui. Les deux héros, en s'accquittant avec un zèle égal de leurs devoirs respectifs, devaient mettre le sceau à leur renommée, et acquérir des droits à leur commune estime.

La présence du comte dans Dantzick avait plus fait pour la confiance des habitans et de la garnison, que l'arrivée d'un renfort de dix mille hommes. Au mécontentement général qui avait aigri tous les esprits, succéda rapidement une tranquillité universelle, et la certitude d'être gouvernés doucement, rendit aux Prussiens tous les secours qu'ils pouvaient tirer d'une ville aussi populeuse que Dantzick. La conduite du comte de Kalkreuth fut aussi diamétralement opposée à celle de son prédécesseur. Les Dantzickois trouvèrent auprès de lui justice et sensibilité. Les soldats, au lieu de la fusillade et de la schzlague, furent traités en hommes, et reçurent tous les adoucissemens que les circonstances pouvaient permettre. Aussi les bourgeois, certains désormais de ne plus être sujets aux vexations dont Manstein les avait fatigués, s'offrirent eux - mêmes pour contribuer aux travaux de la place et former des bataillons qui pussent soulager la ligne dans son service. En un mot, le comte de Kalkreuth fit plus pour la défense de Dantzick , en dix jours, que son prédécesseur n'avait fait pendant un mois, avec son régime de terreur et de fierté. Exemple remarquable, qui devrait bien apprendre aux maîtres de la terre à connaître mieux les hommes entre les mains desquels ils remettent leurs pouvoirs.

Cependant, le surlendemain même de son arrivée, le comte de Kalkreuth eut la douleur de se voir enlever un des postes les plus importans de ceux qui entouraient la ville de Dantzick. L'île de Nehring, grande langue de terre entre la mer , le golfe de Frisch-Haff et la Vistule, était la seule communication qui restât encore, entre Dantzick et Kœnigsberg, par terre. Le général Kalkreuth était arrivé par la route qui longe cette langue de terre et s'étend depuis Dantzick jusqu'à Pillau. Dans la journée du 19, un renfort de troupes Russes et de Cosaques l'avait également suivie pour se rendre dans la place. Il était donc très-intéressant pour les Prussiens de conserver cette communication, et toutes les mesures avaient été prises pour la mettre à l'abri de toute attaque. Une artillerie nombreuse y avait été placée, et le général Rouquette, l'un des généraux les plus présomptueux de la Prusse, s'il n'était pas l'un des plus braves, avait été chargé par l'ancien gouverneur de défendre l'île, et avait reçu à cet effet toutes les troupes nécessaires. Mais autant les Prussiens avaient d'intérêt à garder cette position, autant les Français mirent d'acharnement à s'en emparer.

Le maréchal pensait à cette expédition depuis longtemps ; mais les glaces que la Vistule charriait en abondance, l'avait fait remettre, parce qu'elles ôtaient l'espérance de pouvoir opérer aucun embarquement. Enfin le dégel qui survint et une reconnaissance de la Vistule parfaitement exécutée par le colonel de Montmarié, premier aide-de-camp du maréchal, avait décidé celui-ci à ne pas la retarder davantage. Le maréchal Lefebvre s'y était déterminé avec d'autant plus de raison qu'il n'ignorait pas que le général Kalkreuth et les renforts Russes étaient arrivés par cette voie. Afin donc de couper cette communication entre la ville assiégée et celle de Kœnisberg, il avait fixé l'attaque de l'île de Nehring dans la nuit du 19 au 20 mars.

Lefebvre chargea de cette expédition importante le général de brigade Schramm, et pour cet effet ajouta deux mille cent-cinquante hommes d'infanterie, cent-cinquante de cavalerie et six pièces d'artillerie, aux forces qu'il avait déjà sous ses ordres. Ces troupes de renfort étaient composées d'un bataillon français du 2e. régiment d'infanterie légère, de deux bataillons saxons, d'un escadron du 19e. régiment des chasseurs à cheval et de cent-cinquante lanciers polonais. L'aide-de-camp Montmarié, qui avait été chargé de faire tous les préparatifs nécessaires pour le débarquement, fut adjoint par le maréchal au général Schramm pour le seconder.

Le général Schramm divisa ses troupes en trois colonnes, dont il donna le commandement de la première au colonel du 2e. régiment d'infanterie légère Brayer (1), de la seconde au colonel Vogel, et enfin de la troisième formant la réserve au colonel Montmarié (2). Le Colonel Tholozé, avec un détachement de cinquante chasseurs et une pièce de canon de 3, fut chargé de côtoyer la rive gauche du bras gauche de la Vistule, afin d'inquiéter l'ennemi et de prendre en flanc

---

(1) Brayer, l'un des plus braves soldats de l'armée française, n'avait dû son avancement qu'à son intrépidité. Long-temps major du 9e. régiment de ligne, où il avait fait ses premières armes, il fut nommé colonel du 2e. d'infanterie légère, pour sa conduite brillante à l'immortelle journée d'Austerlitz. Devenu depuis, et toujours à la suite de grands services rendus à sa patrie, général de division, il fut proscrit par l'ordonnance du 24 juillet 1815, parce qu'il avait retourné sous les drapeaux de son ancien bienfaiteur. Brayer, couvert d'honorables cicatrices, erre maintenant dans les pays étrangers.

(2) Aujourd'hui baron, maréchal de camp, grand officier de la légion d'Honneur, chevalier de Saint-Louis, et lieutenant des Gardes-du-Corps du roi.

tous les Prussiens qui chercheraient à se sauver par la digue de la rive droite de ce bras.

A quatre heures du matin, le 20 mars, le général Schramm fit embarquer en même-temps la presque totalité de son infanterie. La traversée était extrêmement difficile, car le bras du fleuve était très-large, et on n'avait que de très mauvaises barques, conduites par des bateliers du pays dont on n'était pas sûrs, et qui pouvaient s'épouvanter des décharges de l'ennemi posté sur l'autre rive. Cependant on réussit mieux encore qu'on ne l'avait espéré. L'embarquement s'était effectué au-dessous de Furstenverder avec tant d'ordre et de silence, qu'on arriva au rendez-vous avant même que les Prussiens s'en fussent aperçus. Schramm fit débarquer ses troupes à la pointe de l'île, à côté d'une digue qui la traverse et dont il fallait s'emparer à tout prix. De Lavergne, lieutenant dans le 2e. régiment d'infanterie de ligne, s'élança le premier à terre, et suivi de quelques braves, marcha sans hésiter contre le poste qui gardait la digue. Les Prussiens surpris voulurent vainement se défendre ; ils sont égorgés ou faits prisonniers ; mais le brave Lavergne paya de sa vie ce premier triomphe. Blessé grièvement par un coup de feu à la tête des siens, il mourut quelques jours après.

Pendant que la première colonne s'emparait ainsi de la digue, les deux autres s'étaient avancées rapidement de la rive gauche du bras droit de la Vistule par Schenbrun et Printzloff jusqu'à Krag, où elles se séparèrent. La première se porta sur Nikelwald, afin d'attaquer l'ennemi s'il se retirait sur Dantzick; la seconde se dirigea sur le lac de Frenenkalmin, où elle devait prendre position, sa droite appuyée au lac et sa gauche à la mer, afin d'observer le point de Pillau et de s'opposer également à ce que l'ennemi pût s'y retirer.

Le général Prussien Rouquette avait été tellement déconcerté de la brusque apparition des Français qu'il avait comme perdu la tête, et négligé tous ses moyens de résistance. Cependant se voyant attaqué par la colonne du colonel Vogel, dans son quartier général de Nikelwald, il tenta, mais vainement, de se défendre. La première colonne qui s'était emparée de la digue accourut à l'appui de Vogel, et par une attaque vigoureuse à la bayonnette, obligea le fier Rouquette de prendre la fuite. Couvert par son artillerie, Rouquette s'était rallié entre Vordeln et Bohusack et voulut y soutenir un nouveau combat qui n'eut pas plus de succès que le premier. Il fut repoussé avec tant de vivacité que, pour échapper à la rage des Français, il se jeta dans les Dunes entre Newfahr et Jonskrag, où fort heureusement il reçut un renfort de cavalerie et de six cents Cosaques que lui envoyait le gé-

néral Kalkreuth. Ces troupes de secours rétabli-
rent un moment le combat à l'avantage des
Prussiens, et d'autant mieux que les Français
n'avaient qu'une seule pièce de canon pour répondre à leur nombreuse artillerie. Les Cosaques
avaient déjà enveloppé la faible cavalerie française, lorsque le général Schramm ordonna aux
carabiniers du 2ᵉ. bataillon du 4ᵉ. régiment
d'infanterie légère de s'avancer pour la délivrer.
A la vue de ces braves troupes d'élite qui se
portaient contre eux, l'arme au bras, les Cosaques
s'effrayèrent et prirent la fuite au grand galop
de leurs chevaux. Cette lâcheté jeta le désordre
parmi les Prussiens qui se voyant abandonnés,
évacuèrent leur position et se retirèrent sous le
canon du fort de Weichselmunde.

Il était sept heures du soir, les troupes qui
avaient passé la nuit, qui étaient en mouvement
depuis quatre heures du matin, et avaient combattu tout le jour, étaient harassées de fatigue
et se préparaient à goûter quelque repos, lorsque le bruit du canon annonça que l'ennemi
s'était ravisé. En effet, quatre mille hommes
sortis de Dantzick, et précédés d'une artillerie
formidable, avaient rallié les troupes de Rouquette et s'avançaient pour reprendre l'île de
Nehring. L'aspect des Prussiens ranima l'audace
des Français ; ils s'ébranlent pour recommencer
le combat ; mais l'ennemi n'osa point poursuivre

son entreprise, il se contenta d'engager une vive canonnade à laquelle le général Schramm, qui avait enfin réuni ses six pièces de canon, répondit victorieusement, puisqu'après trois quarts d'heure de décharges réciproques, les Prussiens se retirèrent. Cette journée valut aux Français la possession de l'île de Nehring, six cents prisonniers, une pièce de canon et un caisson. Les Prussiens avaient perdu plus de trois cents des leurs tués ou blessés grièvement. La perte totale des vainqueurs ne montait pas à plus de cinquante hommes (1).

Le maréchal Lefebvre prit aussitôt toutes les précautions nécessaires pour assurer sa conquête. Il fit établir un pont sur le bras de la Vistule et construire divers ouvrages propres à arrêter les tentatives de l'ennemi du côté de Dantzick, tandis que d'autres devaient s'opposer à tout ce qui viendrait du côté de Pillau. Le général de brigade Kirgener, qui commandait le génie en l'absence du général Chasseloup-Laubat, fut envoyé à la pointe de l'île pour faire une recon-

____

(1) Les Français et les Alliés avaient rivalisé de bravoure et d'intrépidité pendant cette pénible expédition. Le maréchal, dans son rapport, recommandait spécialement à l'empereur le général Schramm, les colonels Brayer, Vogel, Montmarié et Rebowski; le capitaine Frasgnand, l'adjudant-major Gudin, le major Lanoue, le lieutenant en second Lebrun, le capitaine du génie Girod, qui avait dirigé l'embarquement, et l'infortuné lieutenant Lavergne, blessé mortellement presqu'en abordant.

naissance sur Pillau et désiguer ce qui restait à
faire pour être en sûreté de ce côté (1).

Une expédition non moins essentielle à faire
que celle de Nehring, c'était d'attaquer les retranchemens que les Prussiens avaient sur la rive
gauche de la basse Vistule. Cette opération eût
privé Dantzick de toute communication avec la
mer, de même que la prise de Nehring lui inter-
ceptait celles par terre ; mais le maréchal était
loin d'avoir assez de troupes et surtout d'artillerie
pour tenter une telle entreprise. Il avait encore
à peine sept à huit mille hommes autour de
Dantzick, et ce faible noyau était insuffisant
pour garder tous les postes dont on s'était déjà
emparé.

Cependant le comte de Kalkreuth qui n'ignorait pas la faiblesse de ses adversaires et qui
voulait tirer parti de sa supériorité, avait résolu

____

(1) La perte de l'île de Nehring couvrit de honte le
général Rouquette, et le rendit odieux à tous ceux de
sa nation. L'auteur allemand, que nous avons déjà cité,
rapporte que, rentré à Dantzick, ce même Rouquette
montait souvent sur le *Cavalier*, et s'amusait à regarder
les dispositions des français avec une longue vue. Il ajoute
qu'il se fâchait lorsque quelqu'un avait *l'insolence* de mas-
quer, en passant, sa lunette. Dans une de ces occasions,
il eut l'impudence d'envoyer dire à un homme de distinction, par une de ses ordonnances, qu'il eût à *se
retirer* de la direction de sa lunette. L'homme répondit :
de qui vient cet ordre ? — De M. le général Rouquette,
dit l'ordonnance. — Ah! ah! dit en éclatant de rire ce
questionneur, il est vrai que ce monsieur est un grand
amateur de *retraites*.

de faire une sortie générale destinée à repousser les Français et à détruire les ouvrages qu'ils avaient commencés.

Les forces considérables que le général Kalkreuth avait déjà rassemblées dans Dantzick justifiaient les calculs du guerrier prussien ; mais il ne faisait pas attention que des troupes découragées comme les siennes réussissent rarement, à nombre double, contre des soldats animés par des victoires passées et brûlant du désir d'en remporter de nouvelles. Toutefois les dispositions prises par le gouverneur de Dantzick étaient telles, qu'il fallut au maréchal Lefebvre toute la bravoure et l'intrépidité des guerriers sous ses ordres pour les rendre inutiles. Tandis que le gros de ses forces devait attaquer de front les diverses positions françaises, le général Kalkreuth avait donné ordre au général Krakow, fameux chef de partisans, qui avait fait déjà beaucoup de mal aux assiégeans, de défiler avec un détachement, le long de la mer, sous la protection des batteries du fort de Newpharwasel et de plusieurs bricqs et chalouqes canonnières, afin de pénétrer sur les derrières des Français et de les attaquer en queue.

Heureusement le maréchal Lefebvre qui avait prévu cette sortie générale, avait aussi déviné les dispositions du comte Kalkreuth. Les Prussiens, sortis le 26 mars de Dantzick, et qui s'avançaient dans l'espoir de surprendre les Français, furent fort surpris eux-mêmes de les voir en armes sur tous les points et prêts à les recevoir à la bayonnette. Cependant ils attaquent avec assez d'ensemble ; mais ils furent repoussés avec vigueur et poursuivis jusque sous les murs de Dantzick où ils rentrèrent, n'emportant de leur expédition que la honte de l'avoir manquée. Un grand nombre de prisonniers restèrent au pouvoir des Français, ainsi qu'une pièce de canon abandonnée par les fuyards. Les différentes nations qui composaient la garnison de Dantzick, Prussiens, Russes, Cosaques, Dantzickois s'attribuaient mutuellement les tristes résultats de cette journée, et ces commencemens de mésintelligence furent apperçus avec chagrin par le comte de Kalkreuth, qui tenta vainement de s'y opposer (1).

Tandis que le gros de la garnison échouait ainsi dans sa sortie, le partisan Krakow avait opéré

____

(1) « Les officiers Russes, dit l'auteur allemand déjà cité, et les troupes sous leurs ordres, traitaient les Prussiens avec arrogance et le plus grand mépris ; les soldats Russes se croyaient surtout déshonorés si on les faisait agir conjointement avec les Silésiens, et les Cosaques refusaient de marcher avec d'autre cavalerie que les hussards noirs et rouges, qu'ils croyaient seuls dignes d'eux. Les autres troupes n'obtenaient de ces Russes et de ces Cosaques que des railleries amères et des moqueries. Ils leur disaient en mauvais allemand, que lors des attaques et aux plus petites blessures, ils criaient : *je me meurs ! mon dieu ! qui moi dira? Pauvre soldat ! rien à manger, rien à boire, et de grandes blessures ! Grand Dieu, ayez pitié de ma femme et de mes enfans,* etc. »

le mouvement qui lui avait été ordonné , mais, au moment où il s'avançait sur les derrières des Français, il fut chargé et coupé par un escadron de cavalerie du 19e. régiment de chasseurs à cheval et par les lanciers polonais. La troupe de Krakow, prise ainsi entre deux feux, se dé-fendit vaillamment et ne quitta la partie qu'a-près avoir épuisé tous ses moyens de défense. La plupart des hommes qui la composaient fu-rent obligés de mettre bas les armes ; le reste se sauva en désordre et ne parvint qu'avec peine à rentrer dans Dantzick. Krakow, entouré dans sa fuite par plusieurs lanciers Polonais , fut lui-même obligé de se rendre , et emmené en triomphe au camp français (1).

Ce combat du 26 mars fut le dernier événe-ment important qui précéda l'ouverture de la tranchée devant Dantzick. L'empereur qui avait à cœur de se voir maître de cette place , avant

---

(1) Ce Krakow, que les Allemands qualifient de comte, et qui commandait un corps de chasseurs francs qui por-tait son nom , était connu dans tout le pays par ses bri-gandages et ses extorsions. Il s'était rendu coupable de plusieurs actes de férocité contraires aux lois de la guerre, qui lui avaient valu la haine de tous les soldats Français. On l'accusait d'avoir brûlé de sa main la cervelle à plu-sieurs officiers Polonais qui s'étaient rendus à lui. Toute l'armée demandait à grands cris qu'il fût jugé sur-le-champ, et qu'on tirât sur lui une vengeance éclatante de tous ses brigandages, le maréchal Lefebvre , dont la justice et l'humanité égalaient la valeur, craignit de se laisser entraîner par l'exaltation de ses troupes, il envoya

de poursuivre ses succès contre les Russes, avait envoyé au général Lefebvre l'ordre positif de changer le blocus en siége régulier ; en même temps il prenait ses mesures pour que les renforts et surtout l'artillerie nécessaire ne se fissent pas plus longtemps attendre. Dans les derniers jours de mai, le général de division Michaud et les généraux de brigade Dufour et Vandeswert se rendirent au 10e. corps avec de nouvelles troupes. Plusieurs convois d'artillerie et de munitions arrivèrent de Dirschau et de Dlettin. On en attendait d'autres de Thorn et de Varsovie. Le maréchal Lefebvre, décidé à agir vigoureusement, concentra alors la position de ses troupes, et les rapprocha autant que possible des endroits qu'il voulait attaquer. D'après des renseignemens donnés par le général Puthord sur le camp retranché des Prussiens à Newphawaser, le général du génie Kcigenet fut envoyé dans la langue de terre pour diriger les travaux néces-

---

Krakow à Thorn, où était encore le général Rapp, et lui ordonna qu'il fût jugé d'après les lois de la guerre et le droit des gens. Les Français se montrèrent indulgens envers un de leurs plus cruels ennemis. Krakow fut acquitté, et on eut même la générosité de lui rendre ses équipages. Les Allemands, au reste, le peignent comme un homme sans mœurs, et, suivant eux, il était ivre mort lorsqu'il fut fait prisonnier. Ce prétendu comte était cependant du petit nombre de Prussiens que les officiers Russes daignaient honorer de leur estime. *Ab una disca omnes.*

saires du camp et du fort de Weichselmunde qui la défendait. Enfin après s'être concerté avec tous les généraux, dans un conseil de guerre tenu à cet effet, le maréchal Lefebvre fixa l'ouverture de la tranchée, devant Dantzick, dans la nuit du 1er. au 2 avril.

OPÉRATIONS *du siège, et prise de la ville.*

L'attaque en règle de la place de Dantzick offrait les plus grandes difficultés, dont nous ferons connaître une partie, en détaillant ses principaux moyens de défense. Traversée, ainsi que nous l'avons dit, par la Molteau, cette ville est enceinte de larges fossés qui se remplissent par cette rivière, dont différentes écluses retiennent les eaux, pour former au sud et à l'est de la place, une vaste inondation qui, s'appuyant d'un côté aux faubourgs d'Orha et de Saint-Albrechtz, et de l'autre aux digues de la Vistule, s'étend à plus de quatre lieues, et couvre les deux tiers des fronts de son enceinte. Cette inondation ne peut que très-difficilement être atténuée, parce que les eaux de la Vistule sont la plupart du temps aussi hautes que le niveau de celles qui la forme, surtout lorsque le vent fait refluer les eaux de la mer dans le fleuve. On a même vu l'inondation s'élever beaucoup, par le seul effet de cette dernière circonstance.

Au nord, la Vistule coule à environ 130 toises

du chemin couvert, et ne laisse entre la rive gauche et les glacis de la place, que quelques canaux et des marais impraticables. A son embouchure, distante de la ville d'environ 2400 toises, les deux rives sont défendues à droite par le fort de Weichselmunde, et à gauche, par le camp retranché de l'île de Newpharwassen, ce qui assure à l'assiégé l'arrivée des secours qui peuvent lui être envoyés par mer.

Le terrain qui borde les deux rives de la Vistule est coupé de canaux, et couvert de marais. Cette circonstance est toute entière au désavantage de l'assiégeant : elle rend ses établissemens difficiles, ses travaux peu solides, et l'oblige à étendre ses quartiers, à disséminer ses troupes, et à multiplier ses postes. Cet inconvénient était d'autant plus grave, en 1807, que les troupes de siège ont été constamment moins nombreuses que celles de la garnison, et qu'il fallait, par conséquent, la prudence la plus minutieuse pour ne pas s'affaiblir en les divisant.

La communication entre la place et le fort de Weichselmunde était assurée par une suite de redoutes construites sur les bords de la Vistule, et surtout par l'heureuse position de l'île d'Holm (1), qui permet à l'assiégé de rappro-

____

(1) Formée d'un côté par le canal de Laacke ou de Dantzick, et de l'autre par la Vistule.

cher les feux de la place de ceux du fort, de manière à ne laisser entr'eux qu'un intervalle d'environ 700 toises, et de profiter du canal de Laacke ou de Dantzick, pour communiquer avec Weichselmunde, malgré les batteries que l'assiégeant pourrrait établir à Schellmuhl. Celui-ci ne peut donc tenter de jeter un pont sur cette partie de la Vistule, qu'après s'être emparé de l'île d'Holm ; à l'ouest de la ville, deux chaînes de collines, séparées par la vallée de Scheidlitz, couvrent cette partie de l'enceinte de la place. Ces deux collines sont couronnées par deux forts (1), liés par des retranchemens continus, qui forment une enceinte appuyée, d'un côté, à l'inondation de la Molteau, et de l'autre à la rive gauche de la Vistule. Cette seconde enceinte, quoique construite en terre, et sans revêtement, était à l'abri de toute insulte. Les assiégés, en 1807, avaient hérissé les chemins couverts, ainsi que le pied de ses escarpes et contrescarpes, d'énormes palissades fraisées, qui tenant lieu de revêtement, ôtaient aux assiégeans tout espoir d'entreprendre contre elles un coup de main, et les obligeaient à une attaque régulière (2).

---

(1) Ces deux forts s'appelaient, l'un le *Bischofberg*, et l'autre le *Hagelsberg*.

(2) Ces palissades avaient, ainsi que nous l'avons dit,

4 *

D'après ce que nous venons de dire, sur les défenses de Dantzick, et ce que nous avons dit plus haut, sur les progrès des Français, il est facile de voir, qu'il s'en fallait de beaucoup qu'ils eussent investi totalement la place, du côté même où l'inondation ne pouvait avoir lieu, puisque l'île d'Holm, et surtout le camp retranché de Newpharwassen, était encore au pouvoir des assiégés, ce qui leur donna l'avantage immense de communiquer avec la mer, et par conséquent, de recevoir les secours en hommes, munitions et ravitaillemens. Le maréchal Lefebvre, dès les premiers momens de son arrivée à Dantzick, avait bien senti combien il était important de se rendre maître de ce camp retranché pour isoler la place. Napoléon, qui avait l'œil à tout, avait lui même jugé cette opération indispensable, et avait ordonné l'attaque du camp retranché; mais après un mûr examen des difficultés, et surtout à cause des faibles moyens dont on pouvait disposer, cette

---

été préparées par le gouverneur Manstein. Elles avaient de douze à quinze pouces de diamètre, et un grand nombre, refendues en deux, étaient encore appuyées contre les premières. Les assiégés avaient tellement couvert de piquets toutes les parties accessibles de leurs fortifications sur les deux enceintes, qu'ils en avaient fait un obstacle réel contre une attaque de vive force : mais la seule place de Dantzick, en Europe, était peut-être susceptible de fournir l'abondance de bois nécessaire à ce genre de fortifications.

affaire avait été ajournée. Nous verrons combien l'établissement de l'ennemi, dans cette localité, gêna les opérations des Français, et c'est en parti à cette circonstance qu'il faut attribuer la longueur du siége, puisqu'elle donna au général Kalkreuth la facilité d'être fréquemment secouru.

Celui-ci avait en outre, dans les seules ressources que lui offraient sa nombreuse garnison, et la ville riche et populeuse de Dantzick, tous les moyens de soutenir un long siége. Les Français avaient d'abord évalué à quinze ou seize mille hommes les troupes qu'il avait sous ses ordres; mais des renseignemens postérieurs prouvèrent que, renforcée par les Russes et les Cosaques, la garnison n'avait jamais été moins de vingt mille combattans. L'armée assiégée était donc plus considérable que l'armée assiégeante; car le maréchal Lefebvre, qui commença l'investissement avec ses huit mille hommes, n'en eut jamais plus du double à sa disposition. Mais cette faible troupe avait une confiance aveugle dans son général, et la plus haute opinion de sa propre valeur. Composée en grande partie de nouvelles recrues qui n'avaient pas encore vu le feu, elle trouva dans sa patience inébranlable, dans son courage, et surtout dans la noble émulation que lui inspirait le bruit des exploits de la grande armée, des ressources pour ainsi dire surnaturelles, et qui la firent enfin triompher de tous les obstacles que lui présentaient l'expérience, le grand nombre de ses ennemis, et surtout les formidables moyens de défense de la place assiégée. Aussi jamais peut-être aucun événement n'a mieux prouvé, que le siège de Dantzick, la supériorité des armes françaises. Il fallait être Français, et commander à des Français, pour, avec si peu de monde, entreprendre de bloquer une place dont l'investissement avait plus de dix lieues de développement, et réussir non seulement à la bloquer, mais aussi à la forcer de mettre bas les armes.

Les avis paraissent avoir été partagés pour décider le point sur lequel on commencerait l'attaque sérieuse de la place. Le général de brigade du génie Kirgener, pendant l'absence du commandant du génie, le général de division Chasseloup-Laubat s'était convaincu que l'attaque du fort Bischofberg offrait beaucoup plus d'avantages; mais le général de division commandant n'ayant pas été du même avis, on suivit bien entendu le sentiment de celui-ci. Nous ne prétendons blâmer ni l'un ni l'autre; nous dirons seulement que celui du général commandant le génie ayant réussi, il nous semble qu'on ne pouvait mieux faire que de le préférer.

L'attaque principale de Hagelsberg devait être favorisée par deux fausses attaques, dont l'une, dirigée de l'île de Nehring sur le camp retranché de Newpharwassen , par le général Schramm, et l'autre, contre le fort du Bischof-berg par les troupes qui avaient pris position à la tête des villages de Stolzemberg et de Scheidlitz. Deux autres attaques partielles, moins impor-tantes, l'une au dessus de l'autre, au dessous de la rive gauche concouraient également à resser-rer la place, et complétaient, autant qu'on l'avait pu, l'investissement général. La position du gé-néral Schramm était assurée par des redoutes gar-nies d'un double rang de batteries; et pour la rendre plus imposante, le maréchal Lefebvre avait fait appuyer la gauche sur le village de Heubaden, à 6 ou 700 toises des ouvrages de la rive droite, et sa droite à la mer. Schramm devait manœu-vrer, pour autant que possible, intercepter la communication entre le fort de Weichselmunde et la ville, et s'opposer à ce que les secours s'a-vançassent au de-là de Newpharwassen.

L'armée française montrait la plus bouillante ardeur; elle brûlait de se signaler par quelque action d'éclat; et ce zèle si naturel à des Fran-çais, était encore exalté par la présence des gé-néraux qui la commandaient. Nous avons déjà dit que le maréchal Lefebvre, depuis long-temps cé-lèbre parmi les braves, possédait toute sa con-fiance; auprès de lui, et sous ses ordres, se trou-vaient réunis le général de division, chef de l'état-major-général, Drouet, si connu depuis sous le nom de comte d'Erlon ; le général Savary, aide-de-camp de sa majesté l'Empereur et Roi ; son altesse le grand duc de Bade, qui était venu lui-même se mettre à la tête de ses troupes, afin de mieux prouver son dévouement à Napoléon ; le général de division Lariboissière, commandant l'artillerie de la garde impériale, et commandant en chef celle du siége ; le général d'artillerie Danthouard, aide-de-camp de son altesse royale le prince vice-roi d'Italie, Eugène de Beauharnais ; le général de brigade du génie, directeur des attaques, Kirgener ; et le général Bertrand, aide-de-camp de l'Empereur, chargé spécialement par sa majesté du soin d'inspecter les travaux du siége. Le commandant du génie, le général Chasseloup, manquait seul à cette grande réunion des plus illustres militaires. Appelé sur d'autres points par Napoléon, il ne revint qu'au 19 avril ; mais il était dignement remplacé par son chef du génie Kirgener. Ainsi les troupes françaises et étrangères n'avaient à leur tête que des hommes susceptibles d'exciter vivement leur émulation par leur exemple et le souvenir de leurs exploits passés. Comment la place de Dantzick n'aurait-elle pas succombé, attaquée par des troupes que dirigeaient des hommes aussi recommandables ?

Toutes les dispositions étaient arrêtées, et,

ainsi qu'on l'avait décidé dans le dernier conseil de guerre , la tranchée fut ouverte devant le Hagelsberg , dans la nuit du 1ᵉʳ. au 2 avril. La première se trouva à 300 toises environ des palissades (1) , et la crète du Ziegankenberg fut couronnée sur un développement de 200 toises. Ce travail surpris à l'ennemi ne fut nullement inⁿ quiété ; au jour il était déjà couvert.

Ces premiers ouvrages avaient été préparés la veille par une attaque fort vive du général Puthod sur un autre point. Ce général avait chargé le prince Radziwil de se rendre maître du village d'Aller, et celui-ci avait réussi à chasser les Prussiens de cette position et s'y était fortifié. Il en avait même profité pour établir des postes sur la rive gauche de la Vistule, afin d'en inquiéter la navigation. Les assiégés essayèrent de reprendre leur revanche, en s'emparant le lendemain du vil-

---

(1) Les alliés contre la France assiégeant Dantzick en 1813, n'osèrent point ouvrir la tranchée aussi près des ouvrages des assiégés. Voici ce que nous lisons dans l'historien de ce siége M. de M*** « Les Russes (il ne parle que des Russes , quoique à-peu-près toutes les nations de l'Europe fussent présentes à ce siége , où le général Rapp s'est immortalisé) , les Russes avaient tracé leurs lignes de circonvallation ; mais par une précaution qui décélait la crainte que leur avait causé les différentes sorties des assiégés , ils n'ouvrirent leur première tranchée qu'à 900 toises de Dantzick , opération qui dût paraître timide aux Français qui , six ans auparavant , avaient attaqué cette même ville et ouvert la première parallèle à 300 toises des remparts. »

lage de Zieganikendorff; mais une charge vigoureuse 19ᵉ. régiment de chasseurs les contraignît
à la retraite et leur fit un dommage considérable.

Pendant la journée du 2 avril, les assiégeans
perfectionnèrent les travaux faits durant la nuit.
Les Prussiens s'en étant enfin aperçus, dirigèrent sur les travailleurs le feu de plusieurs batteries du Hagelsberg et du Bischofberg; mais ce
feu ne fut pas très-vif, et nous remarquerons
que la place s'en montra généralement très-
économe dans le commencement du siège.
Dans le même temps les Prussiens faisaient une
tentative du côté de Pillau, contre les postes du
général Schramm dans l'île de Nehring. Attaqué
par des forces supérieures, Schramm réclama des
secours avec tant d'instance, que le maréchal
Lefèbvre crut devoir se rendre sur les lieux. La
présence du maréchal et un faible renfort de
cinquante chevaux Polonais, et une compagnie
du 2ᵉ. régiment d'infanterie légère, suffirent
pour rendre aux troupes ébranlées toute leur
confiance. Les Prussiens furent battus, repoussés
avec perte, et laissèrent une centaine de prisonniers. Schramm eut ordre de se fortifier du côté
de Pillau.

Dans la nuit du 2 au 3, les assiégeans débouchèrent par des zig-zags de la droite de la première parallèle. La redoute dite Kalke-Schanse,
que l'ennemi construisait sur la rive gauche de

laVistule, en avant de la porte d'Oliva , et à 300 toises de la place, fut attaquée et enlevée de vive force par trois compagnies de la légion du Nord , malgré la vigoureuse résistance de ceux qui la défendaient. La prise de cette redoute était surtout avantageuse,en ce qu'elle protégeait l'attaque projetée de l'île d'Holm , et devait contribuer à rompre toute communication entre la place et le fort de Weichselmunde. Elle donnait de plus aux assiégeans la faculté d'appuyer à la Vistule la gauche de leurs attaques. Mais à 9 heures du matin, l'ennemi ayant démasqué plusieurs batteries de la rive droite , fit une sortie vigoureuse sous la protection de leur feu, et attaquant les Français, dans la redoute , avant qu'ils eussent eu le temps de s'y fortifier, les forcèrent de l'évacuer, ce qui obligea les assiégeans à prendre des mesures pour se garantir, par des traverses , des écharpes et revers que cette redoute prenait sur une partie de leurs cheminemens. Il eut été bien plus simple de s'en emparer de nouveau ; mais différentes circonstances en empêchèrent.

Ce même jour, 3 avril, les assiégés reçurent par mer un renfort considérable de 2 à 3000 Russes et Cosaques ; ce secours était accompagné de munitions et d'approvisionnemens de toute espèce. Les Prussiens, du côté de Pillau, avaient tenté une nouvelle attaque ; mais le brave général Schramm avait si bien pris ses mesures, que non-seulement il les repoussa , mais il força le corps entier à mettre bas les armes, à l'exception d'un petit nombre qui réussit à se sauver dans des barques.

Les jours suivans les assiégeans continuèrent à pousser des zig-zags en avant de la première parallèle, qui fut aussi prolongée sur sa gauche afin d'embrasser plus d'étendue et couronner plusieurs hauteurs propres à établir des batteries. La faiblesse de l'armée assiégeante rendant nécessaires la construction des moyens de défense autant que ceux d'attaque , on s'occupa également d'élever des redoutes et autres moyens de contre-vallation destinés à appuyer les tranchées. Les cheminemens vers la seconde parallèle furent en même temps continués. Le défaut de bras , la nécessité d'employer presque uniquement des paysans prussiens aux travaux, et surtout les retards que les mauvais chemins faisaient éprouver aux convois d'artillerie ; tous ces motifs empêchaient de donner aux opérations du siége toute l'activité désirable. Les obstacles se multipliaient tellement, que tout autre que le maréchal Lefebvre eût renoncé à l'entreprise.

Le 9, la tranchée devant le Bischofberg fut ouverte , et on dirigea la première parallèle de manière à serrer la place par sa gauche, à la distance de la seconde parallèle. Cette première parallèle devait être appuyée sur la gauche aux maisons qui se trouvent à la tête du faubourg de Scheidlitz. Elle avait pour but de soutenir les batteries d'enfilade et de revers projetées contre le Hagelsberg. Nous rappelons au reste que l'attaque du Bischofberg était une des fausses attaques.

Cependant les assiégeans venaient de reconnaître que l'ennemi travaillait sur la gauche de la principale attaque. Son but était évidemment de prendre en flanc les cheminemens et de s'établir par une véritable ligne de contre-approche dans un des mamelons où la seconde parallèle devait couronner. L'en déloger offrait les plus grandes difficultés, puisqu'il fallait l'attaquer à 40 toises de la place et sous le feu même de ses remparts. Mais, en fait d'audace, les Français sont toujours surs de réussir. À 9 heures du soir, et d'après l'ordre du maréchal Lefebvre, le général Puthod mit à la disposition du chef de bataillon du génie Rogniat (1) quatre cents hommes du 44e régiment, et cent-vingt Polonais pour attaquer les Prussiens et détruire leurs ouvrages. A 10 heures, après avoir

____

(1) L'un des officiers du génie les plus distingués de l'armée française, célèbre par sa conduite brillante aux siéges de Sarregosse, Mesquinenza et Tortose, et par les magnifiques ouvrages qu'il fit, en 1813, pour défendre Dresde. Il est maintenant lieutenant-général des armées du Roi, inspecteur général du genie, grand officier de la légion d'honneur, chevalier de Saint-Louis, et auteur de plusieurs ouvrages qui ont tous prouvé qu'il n'est pas moins bon écrivain que bon militaire.

franchi le ravin qui les séparait de l'ouvrage, les grenadiers du 44e. régiment s'élancèrent dans la tranchée, et surprirent la garde ; les travailleurs s'empressèrent de détruire l'établissement de l'ennemi, malgré le feu de mousqueterie et de mitraille qui partait de leurs remparts et de leurs chemins couverts. A une heure après minuit, la garnison fit sortir trois cents hommes pour chercher à s'établir de nouveau dans la position qu'elle venait de perdre; mais l'intrépidité des grenadiers français l'emporta. Les Prussiens furent culbutés et laissèrent plusieurs des leurs sur le champ de bataille. On leur prit 180 fusils et on leur fit cinquante prisonniers parmi lesquels se trouvait l'officier qui les commandait (1).

Le 11 avril, une reconnaissance sortie du fort de Weichselmunde fut rencontrée à la hauteur

---

(1) Le maréchal Lefebvre, en demandant les décorations que les braves du 44e. régiment lui paraissaient mériter, faisait au ministre l'observation qu'il s'écoulait un trop long temps entre la demande de ces décorations et leur envoi, de sorte que l'exemple de ces récompenses se trouvant trop éloigné de l'action qui les avait fait obtenir, ne produisait plus l'émulation qu'on avait droit d'attendre. Cette judicieuse observation que nous avons vue trop souvent négligée, et qui prouve au reste l'intérêt vraiment paternel que le maréchal portait à ses braves, fut accueillie par le ministre qui donna l'autorisation nécessaire pour que les aspirans pussent porter le ruban, en attendant que les formalités pour l'envoi du brevet et des croix fussent remplies.

d'un bois devant le fort par une autre reconnaissance du 2e. régiment d'infanterie légère. Le
combat s'engagea aussitôt. L'ennemi eut à la
première décharge huit hommes blessés et deux
officiers tués , et se retira en désordre derrière
ses palissades.

Le général Bertrand , aide de camp de S. M.,
avait proposé un plan pour s'établir dans la
langue de terre sur le canal, et par cette mesure
intercepter la communication de la ville avec
Weichselmunde et la mer. Mais il demandait
un renfort de deux bataillons , et l'impossibilité
où l'on se trouvait de les fournir sans nuire aux
autres travaux, fit encore ajourner ce dernier
projet.

Le même jour, le maréchal Lefebvre voulant
s'entourer de toute la confiance de ses subor-
donnés et s'aider de leurs lumières, mit à l'ordre
qu'il réunirait tous les jours chez lui à midi les
commandans du génie et de l'artillerie pour
discuter et arrêter les opérations des 24 heures
suivantes.

Dans la nuit du 11 on amorça à la sape
volante la seconde parallèle. Dans la matinée du
12, le travail des batteries se trouva terminé, à
l'exception de celles confiées aux troupes saxonnes. Le maréchal donna sur-le-champ des ordres
pour leur armement. Deux pièces de 12 furent
conduites dans les batteries de la redoute A ,

deux pièces de 12 dans la redoute **D**, et trois pièces de 12 dans la redoute **E**. Deux pièces de 12 devaient être conduites da ns laredout **B**, et deux de même calibre dans la redoute **C**. Mais la difficulté des chemins marécageux s'opposa à leur transport.

Ce manque d'artillerie et celui de troupes ne permettaient pas de surveiller bien exactement les deux rives de la Vistule. La redoute E se trouvait la seule armée, et deux pièces de 6 avaient été placées sous un petit rideau situé plus bas que cette redoute. Ces bouches à feu battaient avec avantage les redoutes de l'ennemi et gênaient sa navigation. Mais pour l'intercepter entièrement, surtout pendant la nuit, il aurait fallu occuper des postes bien retranchés sur les deux bords du fleuve (1).

Une batterie de deux obusiers fut commencée à l'extrémité du dernier boyau de droite. Elle était destinée à foudroyer l'intérieur de la ville, qu'elle decouvrait parfaitement. Les ouvrages

____

(1) Quelques essais malheureux avaient déjà été tentés à cet effet ; un seul avait réussi. Tardivelle, capitaine de la légion du nord, s'était avancé, avec la brave compagnie qu'il commandait, sur la rive gauche de la Vistule, s'était emparé d'une maison située au bas du ruisseau de Schellmuhl et se maintint constamment dans ce poste périlleux, sous la mitraille de cinq pièces de canon placées dans l'île d'Holm, à 5o toises de lui. Cette action parut si éclatante à l'armée, que pendant tout le cours du siège on designa ce poste

construits en avant de Heubaden , dans l'île de Nehring , furent terminés et mis en état de défense.

Cependant les Prussiens avaient reussi à réoc-cuper leur ligne de contre-approche , beaucoup trop rapprochée des batteries de la place pour que les Français pussent s'y maintenir ; et tra-vaillaient avec activité à réparer les ravages que ceux-ci y avaient fait. Ils avaient même construit une redoute garnie de chevaux de frises. Il fal-lait à tout prix détruire ce nouvel ouvrage. Dans la nuit du 12 au 13, à dix heures, trois cents hommes du régiment Saxon de Bevilacqua , sou-tenus d'une compagnie de grenadiers , et par une de carabiniers de la légion du Nord , atta-quèrent de front et par la droite le mamelon en avant du Hagelsberg sur lequel se trouvait la redoute , tandis que les grenadiers de la réserve se portaient à gauche dans la gorge pour empê-cher que l'ennemi ne pût couper sa ligne. Cette attaque était commandée par le chef de bataillon

---

sous le nom de *maison Tardivelle*. (On peut voir sa situa-tion sur la carte). L'ennemi se lassa depuis de tirer infruc-tueusement contre cette maison , et les autres établisse-mens sur la rive gauche de la Vistule en furent moins contrariés. Ce brave officier mit le comble à l'admiration générale qu'il excitait par la manière brillante avec laquelle il se conduisit dans l'un des combats qui , ainsi que nous le verrons , valurent aux Français la conquête de l'île d'Holm , et où Tardivelle eut le bras droit cassé d'une balle.

du génie Rogniat, qui s'était si bien acquitté de la première, et par le chef de bataillon de la 44e, Jacquemart , sous la direction du général Puthod.

Les assaillans fondirent sur les Prussiens avec la plus grande impétuosité. La résistance fut opiniâtre et le succès était douteux, quoique le général Puthod eût fait avancer la réserve ; car, de part et d'autre, on se battait vaillamment, lorsqu'un tambour de Bevilacqua , le brave Zworn, sans en avoir reçu l'ordre et inspiré par son seul courage , bat la charge et se précipite dans la redoute, en criant : *à moi Saxons* ! L'exemple de la bravoure de Zworn a électrisé le cœur de ses camarades. Ils s'élancent sur ses traces , renversent les palissades , pénètrent par la brèche et restent maîtres de la redoute. Vainement les Prussiens revinrent trois fois à la charge pour la reprendre. Les Saxons ne montrèrent pas moins d'acharnement à la conserver qu'ils en avaient mis à s'en emparer. Les Prussiens furent repoussés, trois fois et se sauvèrent dans leurs ouvrages plus éloignés, après avoir laissé sur le champ de bataille un grand nombre de morts et deux cents prisonniers tous grenadiers (1). On travailla sur-le-champ à lier cette redoute à la seconde parallèle.

____

(1) Le tambour Zworn était vraiment le héros de

Mais les assiégés qui avaient mis leur plus grande espérance dans leurs travaux de contre-approche, n'avaient point renoncé à les reprendre. Le 13 avril, à 8 heures du matin, ils sortirent de la place en grand nombre, et s'avançant sous le feu de leur formidable artillerie, attaquèrent avec tant d'impétuosité, qu'au même moment les Saxons furent repoussés ; et l'ennemi, après avoir renversé tous les obstacles, après avoir attaqué la seconde parallèle, gagnait déjà la tête des tranchées. Les troupes, fatiguées des combats de

---

cette journée. Mais le succès auquel il avait si glorieusement contribué, avait été préparé par les chefs de l'expédition. Les colonels Bernard, aide-de-camp du général Puthod et Hartitzech, le capitaine Schœnfild, le lieutenant d'Obenitz, et le tirailleur Kempel, tous saxons, s'étaient également distingués par leurs sages dispositions et leur intrépidité. Un succès aussi disputé n'avait d'ailleurs pu avoir lieu sans causer des pertes graves aux vainqueurs. Une des victimes les plus regrettées de ce combat meurtrier, était celle du jeune et intéressant Demecourt, à peine encore sorti de l'enfance, et qui s'était arraché des bras d'une mère qui l'adorait, pour faire l'apprentissage des armes sous les yeux du maréchal Lefebvre, auprès duquel il servait en qualité d'officier d'ordonnance. On reçut le lendemain son brevet de lieutenant du 7e. de hussards. Reçu quelques heures plutôt, ce brevet eut sans doute changé sa destinée. Demecourt fut honoré des regrets du maréchal Lefebvre : dans le rapport de cette affaire, daté du 13, celui ci disait : *un jeune homme d'une grande espérance, le jeune Demecourt, a été blessé à mort.* Et le lendemain encore plein de sa douleur, il répétait : *je regrette beaucoup le jeune Demecourt, volontaire, jeune homme d'une grande espérance.*

5 *

la nuit , étourdies par cette brusque attaque ,
et inhabiles encore dans ce genre de défensive ,
pliaient sur tous les points. Le salut de l'armée
entière allait peut-être se trouver compromis ,
lorqu'averti du danger , le maréchal Lefebvre,
suivi des généraux Michaud , Puthod et Dufour
et de ses aides de camp , accourut au lieu du
désordre. Un bataillon du 44e. régiment de ligne
venait également d'arriver. Aussitôt n'écoutant
que son courage, le maréchal quitte sa redingotte
et ses cordons, et comme s'il n'était encore qu'un
officier de fortune, il s'élance dans les rangs du
bataillon : « *Allons enfans , s'écrie-t-il , c'est
aujourd'hui notre tour.* » Bientôt l'intrépide
maréchal est dans la mêlée. Électrisés par tant
d'héroïsme, tous les soldats veulent l'entourer ,
lui faire un rempart de leurs corps. *Mes amis ,*
leur crie-t-il , *et moi aussi je veux combattre !*
La charge bat, on court ; et le maréchal, à la tête
de ses braves, se précipite dans la redoute, à travers une grêle de balles et de mitraille. Le choc
est violent : les Prussiens et les Russes se défen-
dent avec une espèce de rage ; mais des Français,
ayant leur général à leur tête ont-ils jamais reculé
devant l'ennemi ? Une dernière charge à la
baïonnette a décidé la victoire. L'ennemi épouvanté s'enfuit en désordre, laissant la terre jon-
chée de ses morts et de ses blessés.

Un général justement fameux et de race

royale (1), a long-temps lassé les cent bouches de la renommée, parce que dans une action à peu près semblable, il avait lancé son bâton de commandant dans la mêlée. Que dirons-nous donc du maréchal Lefèbvre s'élançant lui-même dans la redoute, et montrant à ses soldats le chemin du danger et de l'honneur ? Mais nos guerres de la révolution ont habitué les nationaux et les étrangers au spectacle des prodiges de valeur et de dévouement des défenseurs de la France. On n'étonne plus en racontant ce qui eut excité l'admiration la plus exaltée des siècles passés. Aussi les historiens modernes qui ont parlé de cet acte d'héroïsme du maréchal Lefèbvre, l'ont-ils raconté froidement, et comme un événement ordinaire ; mais la reconnaissance nationale, celle non moins glorieuse de Napoléon, et surtout l'estime bien méritée de tous ses frères d'armes, l'ont bien dédommagé de cette coupable indifférence.

Cette victoire avait d'ailleurs été achetée chèrement par les vainqueurs. Ils avaient à regretter la perte du colonel Piriac, du major Kaiserling, et de deux autres officiers saxons, celle de deux officiers et de trente-quatre soldats du 44e. régiment, celle de deux officiers de la légion du Nord, et de trente-quatre sous-

____

(1) Le grand Condé.

officiers et soldats de divers corps. Quinze
officiers et cent trente-un sous-officiers et soldats
avaient été blessés. Toutes les troupes avaient fait
leur devoir. Le maréchal, témoin de la bravoure
de l'armée qu'il commandait, dut concevoir les
plus belles expérances (1).

Le 14 avril, les assiégeans perfectionnèrent la seconde parallèle et commencèrent deux redoutes
pour la soutenir à droite et à gauche. Un second
ouvrage de contre-approche existait encore sur le
centre de cette seconde parallèle. Il était urgent
de le détruire. Thomas, sergent du 2ᵉ. bataillon de
sapeurs, et militaire non moins intelligent que brave, fut chargé de cette mission, dont il s'acquitta
parfaitement.

Les assiégés firent, dans la nuit du 14 au 15
avril, une sortie contre la redoute B. Mais elle
fut repoussée. Pendant ce temps les Prussiens
faisaient un feu terrible sur la redoute A, sans
doute afin de partager l'attention et d'empêcher
la continuation des ouvrages. Mais les travailleurs méprisèrent leur mitraille, qui resta sans

---

(1) Parmi ceux qui s'étaient distingués, le maréchal
citait le chef de bataillon Guillet, l'adjudant-major
Lack, le sergent-major Thevenot, et le sergent du
44ᵉ. Masson, qui s'étaient élancés les premiers avec lui
dans la redoute. Un sapeur avait fait des prodiges sous
les yeux du maréchal, et ce fut vainement que celui-ci
témoigna le désir de connaître son nom. Ce brave
homme mettait à se cacher autant de soin que s'il
avait commis une faute.

effet. Ils poussèrent leurs travaux à la gauche de la seconde parallèle, pour s'y parer des feux de flanc que l'ennemi avait conservés. On commença également les batteries de la seconde parallèle, et on disposa une plate-forme pour placer une pièce de 24 sur la redoute D, destinée à battre le front du Hagelsberg. On en prépara une autre dans la redoute B, afin de battre le débouché du faubourg de Scheidlitz.

Depuis long-temps, ainsi que nous l'avons dit, on remettait, faute des moyens nécessaires, l'attaque de l'île d'Holm et l'occupation du canal de Laacke, jugé nécessaire pour achever l'investissement de la place. Plusieurs convois d'artillerie et de munitions étant arrivés, on crut enfin pouvoir la tenter. Le général Gardanne qui commandait à Nehring depuis le 7, pendant l'indisposition du général Schramm, en fut chargé, et réussit parfaitement dans cette expédition. La possession de la tête du canal fut aussitôt assurée par deux bons ouvrages construits par le chef de bataillon du génie Sabathier, et au moyen desquels toute communication entre la ville et la mer fut totalement interceptée.

L'ennemi s'était faiblement opposé à cet établissement. Mais le 16 au matin il sortit du fort de Weichselmunde sur trois colonnes et attaqua la droite du général Gardanne, tandis

qu'une nuée de cosaques, soutenus par de l'infanterie, manœuvrait sur sa gauche. Cette attaque avait été repoussée victorieusement, et
déja les Russes prenaient la fuite, lorsqu'une
colonne prussienne se présenta pour rétablir le
combat. Heureusement le maréchal Lefebvre
qui s'était aperçu de ce mouvement, accourut
lui-même avec un renfort d'un bataillon. Le
combat qui s'engagea fut encore plus opiniâtre
que le premier. Les Russes se voyant soutenus,
étaient revenus à la charge. Il fallut les plus
grands efforts de la part des Français pour s'opposer à tant d'assaillans. Enfin après une mêlée
horrible qui avait duré cinq heures, Prussiens
et Russes repoussés de toutes parts, furent obligés de se retirer, et chaque colonne rentra dans
la ville ou dans le fort, sans avoir pu entamer aucun des ouvrages commencés; l'ennemi perdit
dans cette circonstance 500 hommes tués ou faits
prisonniers. La perte des vainqueurs était de
150 hommes; perte médiocre, sans doute, si on
la juge d'après celle de l'ennemi, mais beaucoup
trop considérable pour une armée dont elle augmentait encore la faiblesse.

Les carabiniers du 2e. régiment d'infanterie
légère et les Polonais employés dans cette occasion, s'étaient couverts de gloire. Le corps du
génie avait lui-même contribué puissamment
à la victoire par ses sages dispositions, et les sol-

dats nommaient avec admiration le chef de bataillon Sabathier, le capitaine Lesecq, et le
lieutenant de sapeurs Queru, qui avait tué de sa
main plusieurs Russes. A ces noms l'armée joignait aussi ceux du général Schramm, accouru
malgré son indisposition sur le champ de bataille, et qui avait commandé la droite, du général Gardanne, qui commandait en chef, du
général polonais Sokolnieski, du colonel saxon
Vogel, du major polonais Downatowiez et du
capitaine du 2e. régiment d'infanterie légère
Halitofer, qui tous avaient payé de leur personne dans ce terrible engagement (1).

Le chef de bataillon Sabathier fit aussitôt
reprendre les travaux qui consistaient en une
redoute tracée à 5o toises de la rive droite de la
rivière, et en une tranchée de communication
qui liait la redoute au bois dans lequel on fit
camper les troupes. Cette communication avait
environ 3oo toises de longueur ; un double pa-

____

(1) Toujours empressé de rendre justice à ses braves,
le maréchal Lefebvre demanda et obtint la croix d'hon-
néur pour le colonel Saxon Wolf, Pisoye capitaine au
2e. régiment d'infanterie légère, Marechal sous-lieutenant dans le même régiment, Muller lieutenant au
même régiment, Schmeler sergent au 2e. régiment
Polonais, Leblanc sergent de carabiniers, Legrand
carabinier, Thonret fusilier, Huguet, Plique, et Gardanne fils, aides de camp du général Gardanne, Schramm
fils aussi aide de camp de son père, et Maingaraud
chef de bataillon et aide de camp du maréchal, qui avait
conduit le bataillon de renfort.

rapet la mettait à l'abri des feux du fort de Weichselmunde et de ceux des batteries de l'île d'Holm.

Le combat sur les bords du Laacke n'avait point ralenti les autres travaux. A cette époque du siége, les trois attaques que nous avons déja désignées, étaient bien distinctes : 1°. la fausse attaque de droite, sur le Bischofberg : 2°. l'attaque principale ou du centre sur le Hagelsberg : 3°. la fausse attaque de gauche qui comprenait tous les travaux de la basse Vistule et ceux qui liaient cette attaque à la rivière. On continua donc les différentes batteries entreprises précédemment à l'attaque principale. On déboucha de la première parallèle par une sappe debout, et on couronna uu plateau à 40 toises en avant de la place. Tous ces travaux entrepris à la sappe volante, furent poussés avec tant de vigueur par le capitaine du génie Blanc, que l'on parvint à les terminer presqu'entièrement pendant la nuit. Le couronnement du plateau forma une demi-place d'armes en avant de la seconde parallèle, servant à lier cette seconde parallèle avec la troisième.

Le 17 avril, on perfectionna cette demi-place d'armes et la communication à la seconde parallèle; l'ennemi ouvrit des embrasures sur tous les développemens de ses fortifications? Il n'était nullement inquiété dans ses travaux, parce que l'artillerie n'était pas encore en batterie. Afin d'y suppléer, le maréchal organisa des détachemens de tirailleurs qui eurent ordre de faire, nuit et jour, un feu continuel sur la place, et sur les travailleurs Prussiens. A l'attaque de gauche, on commença la redoute F, qui devait concourir avec celles de l'île, à couper la communication de la place à la mer.

Vers les cinq heures du soir, un bâtiment de transport Anglais, armé de quatre canons, eut la témérité d'entrer dans la Vistule. Il se faisait remorquer par deux chaloupes, et vint s'embosser vis-à-vis des travaux des assiégeans, après avoir canonné et fusillé les travailleurs sur les deux rives. Le chef de bataillon du génie Lesecq rassembla aussitôt tous les hommes à sa dispotion, et se porta rapidement sur le bord de la Vistule. Le feu de son artillerie légère et de sa mousqueterie eurent bientôt renvoyé en pleine mer ce bâtiment britannique, qui semblait venir braver les Français. Plusieurs boulets qu'il reçut à bord, et qui faillirent le faire échouer, durent lui ôter l'envie de recommencer.

Cet événement engagea, au reste, à construire une nouvelle redoute sur la rive gauche du fleuve, afin de croiser ses feux avec ceux de la rive droite sur la tête du canal. Le chef de bataillon du génie de la garde impériale Boissonnet fut chargé de la direction de ces nouveaux travaux, et s'en acquitta avec la plus grande intelligence.

Cependant les assiégés commençaient à s'effrayer à la vue du développement immense des travaux des Français autour de la ville. Pas un seul coup de canon n'avait été tiré contre Dantzick, et la terreur agitait déjà tous les esprits. Aussi, malgré tout l'amour qu'ils portaient au comte de Kalkreuth, les Dantzickois ne pouvaient cacher leur mécontentement de voir leur ville exposée à tous les fléaux d'une guerre qui leur était étrangère. Ils s'affligeaient profondément au spectacle des dévastations sans nombre commises dans leur ville, et hors de leurs murs. La destruction de leurs faubourgs ne les avait pas plus affecté que celle de leurs charmantes promenades, dans lesquelles le comte faisait bivouaquer ses troupes. L'ordre donné par celui-ci de prendre les précautions d'usage contre un prochain bombardement acheva de les réduire au désespoir. Ce fut vainement que le comte voulut exiger des habitans qu'ils se tinssent sur leurs toits pour éteindre les incendies ; frappés de frayeur, les bons Dantzickois préféraient l'abri de leurs vastes caves à ces postes périlleux ; et le gouverneur dut enfin se convaincre combien il est difficile de trouver du zèle et du patriotisme dans un peuple nouvellement conquis. Il se vit obligé d'employer la force pour faire agir les habitans, et les ressources qu'il tira d'eux de cette manière furent presque toujours rendues nulles, par la répugnance avec laquelle on les accordait.

Toutefois, s'attendant à être attaqué d'un moment à l'autre, le général Kalkreuth, employait tous les moyens qui dépendaient de lui pour se fortifier. Persuadé que si les Français attaquaient ce serait par la place d'armes de droite, il faisait, sur ce point, un feu terrible à la faveur de son chemin couvert, et jetait, sans discontinuer, des pots de feu et de la mitraille sur toute la ligne des assiégeans, et ces décharges multipliées ne laissèrent pas que de faire beaucoup de mal aux Français. Mais les soupçons de l'ennemi ne se réalisèrent point ; le maréchal Lefebvre avait décidé qu'on ne commmencerait à battre la place que lorsque l'arrivée de toute l'artillerie donnerait les moyens de faire un feu long-temps et vigoureusement soutenu. Au lieu donc de répondre aux décharges multipliées des remparts de l'ennemi, on s'occupa du soin de pousser par la gauche de la seconde parallèle trois zig-zags, vis-à-vis le bastion de droite du Hagelsberg ; ces zig-zags furent recouverts par une demi-place d'armes, qui reporta la gauche des traverses à la hauteur de l'autre demi-place d'armes de droite, à environ soixante toises des palissades ; en même temps le corps d'artillerie travaillait sur le Stolzemberg, à une batterie, dont l'effet devait être de prendre, de revers et d'en-

filade, le front du Hagelsberg et tous les ouvrages collatéraux.

Les journées des 19, 20 et 21 furent fatales
aux assiégeans. La pluie, la neige tombaient par
torrens ; tous les travaux furent inondés et les
travailleurs suffisaient à peine pour les déblayer.
Ces intempéries soudaines, dans un climat déjà
mal sain, causèrent de nombreuses maladies dans
le camp, et les hôpitaux s'encombrèrent d'une
manière effrayante; heureusement le 22 le temps
se mit à la gelée, et l'on put reprendre les travaux.

Ce jour-là on vit paraître, sur le Frischhaff,
un grand nombre de bâtimens armés ; ils avaient
des troupes à bord, et beaucoup de petites embarcations paraissaient destinées à les mettre à
terre. Les dispositions prises par les asiégeans
suffirent pour les en empêcher ; mais le maréchal craignant que de semblables tentatives ne
se renouvelassent, en donna avis au prince de
Ponte-Corvo, dont le corps d'armée campait de
l'autre côté du Frischhaff, et l'invita à lui prêter
secours en cas de récidive.

D'après les dispositions prises dans la journée,
on devait profiter de la nuit pour s'avancer vers
la troisième parallèle ; mais la lune éclairait
comme en plein midi, et les assiégés, guidés
par elle, firent un feu si violent qu'il renversait
les gabions à mesure qu'on les plaçait. Un canon-

nier, un grenadier et deux travailleurs furent tués dans les embrâsures. Cependant on parvint à pousser, à la gauche de la demi-place d'armes de droite, quatre zig-zags dirigés vers la troisième parallèle, et qui furent effectués à la sappe pleine, parceque le clair de lune ne permit pas de les faire à la sappe volante.

Sur la rive gauche de la Vistule, on reprit le travail de la redoute F, interrompu par le mauvais temps, et dont le remblai était presque terminé. En avant de cette redoute, on établit une gabionnade de 200 toises sur une digue qui, partant de la maison dite *Tardivelle* (1), se prolonge beaucoup au-dessous. On la termina à des coupures, dont le but était d'empêcher l'ennemi de sortir du camp retranché de Newpharwassen, entre le Saper-Sée et la rivière, et de couvrir des postes de tirailleurs contre la navigation.

Dans l'île, on ne chercha plus qu'à perfectionner les ouvrages, de manière à pouvoir s'y maintenir contre toute attaque de l'ennemi. Une redoute, qu'on y avait élevée, fut garnie de deux rangs de palissades, pourvue d'un blindage qui servait de logement, et armée de quatre bouches à feu.

L'artillerie arma et approvisionna toutes les batteries des première et deuxième parallèles, y

____

(1) *Voyez* la note à la page 64

compris les batteries de Stolzemberg ; elle prépara divers emplacemens pour les obusiers de campagne, employés comme batteries, afin de réunir la direction des feux et de porter des obus dans tous les quartiers de la ville.

Le 23 avril, au jour, le feu de l'ennemi devint encore plus vif ; il bouleversa entièrement la tête des sappes ; plusieurs sappeurs, qui les dirigeaient, furent tués ou blessés.

L'artillerie se trouvait enfin en mesure de commencer le feu. Le général de division Lariboissière, qui commandait cette arme, et les officiers sous ses ordres, étaient parvenus à surmonter tous les obstacles qu'opposaient la mobilité du terrain et la rigueur de la saison. Les principales batteries étaient armées et approvisionnées. L'ordre fut donné de commencer le feu la nuit suivante ; mais en même temps que le maréchal donnait cet ordre, il voulut s'assurer du bon état des troupes, et les passa toutes en revue dans la soirée ; il fut accueilli aux cris de *vive l'Empereur ! vive le Maréchal !* Toutes les armes promirent de faire leur devoir.

Soixante-douze pièces se trouvaient alors en batterie, dix-huit de vingt-quatre, vingt-huit de douze, six de six, trois de trois, neuf mortiers et huit obusiers ; les pièces de six et de trois n'étaient destinées qu'à appuyer les entremêlés des parallèles contre les sorties de la garnison.

Dans la nuit du 23 au 24, à une heure du matin, l'artillerie commença son feu d'obus et de mortiers ; au jour, toutes les batteries jouèrent ; l'ennemi riposta avec la plus grande vivacité, mais on ne tarda pas à s'apercevoir de la supériorité du feu des assiégeans sur les assiégés. Les batteries parfaitement dirigées par les généraux d'artillerie Danthouard et Lamartinière, firent un moment taire celles de l'ennemi, qui, d'abord, avaient causé une grande perte aux Français ; quatre canonniers avaient été tués, deux pièces de canon démontées, un mortier crevé, et deux affûts de mortiers mis hors de service. Une bombe, qui tomba sur le magasin à poudre du Stolzemberg, causa d'abord de graves inquiétudes. Un travailleur eut l'effrayante audace de pénétrer dans le magasin et d'éteindre la fatale mèche. Les déserteurs assuraient que l'ennemi avait éprouvé beaucoup plus de dommages : un grand nombre de soldats et d'habitans avaient été tués ; plusieurs embrâsures avaient été mises hors de service, et beaucoup de rouleaux étaient tombés.

Du moment où l'artillerie des assiégeans eut commencé à jouer, le travail des tranchées devint beaucoup plus facile, parce que le feu des batteries attirait celui de l'ennemi ; aussi travailla-t-on avec ardeur à perfectionner les ouvrages de la nuit précédente.

Aux premiers boulets qui étaient tombés dans Dantzick, un cri universel de désespoir s'était fait entendre ; tous les habitans, pauvres comme riches, avaient quitté leurs maisons, et s'étaient réfugiés dans les deux quartiers du Langarten et de Niederstadt, où les bombes ni les boulets ne pouvaient point atteindre. Cette accumulation d'une population immense sur deux points isolés causa bientôt une foule de désordres : le premier de tous les fléaux, la famine, s'y fit sentir dans les vingt-quatre heures, et cependant tous ces citadins pusillanimes aimaient mieux s'exposer à mourir de faim que de rentrer dans leurs habitations. Il fallut que les soldats de la garnison se chargeassent de toutes les précautions pour arrêter les incendies, et, outre leur service ordinaire, il fallut encore qu'ils dépavassent les rues et établissent des blindages sur les maisons.

Dans le camp français, au contraire, on voyait régner la plus vive allégresse ; quoique l'armée fût composée presque entièrement de soldats qui voyaient le feu pour la première fois, elle montrait une ardeur et un sang froid dignes des plus vieux grenadiers de la garde impériale. Mais quelque favorables que fussent les dispositions morales du soldat, le maréchal, avant d'en faire usage et par le désir d'épargner le sang des deux partis, se détermina à envoyer une sommation au gouverneur de la place. Il espérait qu'à l'exemple des autres gouverneurs prussiens, et voyant le royaume entièrement occupé par les troupes françaises, le comte de Kalkreuth prendrait la résolution de lui rendre Dantzick, afin d'épargner à cette malheureuse ville une ruine presque inévitable. La sommation était ainsi conçue :

M. le général,

Par considération pour votre excellence, et par commisération pour les habitans de Dantzick, je n'ai pas voulu, jusqu'à présent, user de tous mes moyens contre la place ; j'ai pensé que votre excellence, dont la grande réputation est assise sur des bases assez solides, pour souffrir de la reddition d'une mauvaise place, informée de la défaite totale de l'armée suédoise, dans les journées des 16 et 17 avril (1), et de l'engagement que cette armée a contracté de ne porter ni directe-

______

(1) Par une imprudence qui n'a été que trop imitée depuis, la Suède était aussi entrée dans la coalition contre la France sa plus ancienne alliée. Son armée battue par le maréchal Mortier, avait été obligée de se réfugier à Stralsund, où elle fut bientôt assiégée. Le baron d'Essen qui la commandait dans l'absence du général Armfeld, fit proposer une trève à l'Empereur, au nom du Roi son maître, assurant qu'il en profiterait pour traiter de la paix. L'Empereur, dont c'était le plus grand désir, accorda sur-le-champ la trève demandée, à la seule condition que les Suédois resteraient indifférens au sort des villes de Colberg et de Dantzick.

6*

ment, ni indirectement, aucuns secours aux villes de Colberg et de Dantzick ; convaincue enfin que par la position des choses, tout espoir de sauver la place est perdu, elle sacrifierait à l'intérêt des pauvres habitans, et à la conservation d'une des villes les plus importantes de la monarchie prussienne, la gloire de prolonger sa défense de quelques jours. C'est dans cette persuasion que je somme aujourd'hui V. E. de me mettre de suite en possession de Dantzick, ainsi que des forts de Bischofberg, Weichselmunde, et de Newpharwassen. »

Mais le général auquel s'adressait la sommation, était ce même comte de Kalkreuth, qui, honoré dans toute la Prusse pour ses qualités morales, autant que pour ses talens militaires et sa froide bravoure, avait été nommé par son roi, président des différens conseils de guerre assemblés pour juger les gouverneurs coupables ou malheureux dans la défense des places confiées à leur dévouement. C'est lui qui naguère encore venait de signer les arrêts de mort des commandans de Custrin, de Stettin et de Spandaw. Le général Kalkreuth avait donc, sur les devoirs de sa situation, des principes trop rigides pour qu'on pût espérer qu'il rendît Dantzick à la première sommation ; aussi refusa-t-il de recevoir l'adjudant-général Aymé, qui s'était avancé en parlementaire, sur les trois heures après midi, pour la lui présenter, et se contenta d'envoyer un officier pour prendre sa lettre. Le général Kalkreuth fit sur - le - champ au maréchal la noble réponse suivante :

M. le maréchal,

Un guerrier expérimenté comme votre excellence, sait, aussi bien que moi, qu'aucun gouverneur ne doit et ne peut se rendre, avant qu'une brèche dans les ouvrages de fortification soit praticable à douze hommes de front. Je suis très-éloigné de croire que V. E. attende une lâcheté de moi, puisqu'elle paraît vouloir me rendre justice. Vous voulez que je me sacrifie à l'avantage des habitans de Dantzick que vous avez ruinés : ils n'ont plus rien à perdre, et sont, ainsi que moi, en position d'attendre tranquillement l'issue de la guerre. »

Le maréchal Lefebvre se décida alors à recommencer le feu de toutes ses batteries. Les charges se multiplièrent jusqu'à onze heures dans la nuit, avec une intensité et un succès effrayant : le feu prit dans plusieurs endroits de la place ; les flammes qui s'élevaient par tourbillons, et la fumée épaisse qui enveloppait toute la ville, annoncèrent aux assiégeans que leurs bombes et leurs boulets faisaient dans cette malheureuse cité un ravage épouvantable. Cependant les généraux d'artillerie, d'après les observations faites pendant la durée du feu , reconnurent la nécessité de construire une nouvelle batterie entre les flancs bas du Stolzemberg ; ils changèrent en même temps la direction des pièces des redoutes A et B, afin de pouvoir battre désormais le bastion de droite du Bischofberg, qui incommodait beaucoup les batteries.

Désirant de faire une diversion à ce bombardement destructeur, le général Kalkreuth ordonna une sortie qui eut lieu sur les minuit. Le capitaine du génie, le Blanc, avait profité du feu pour pousser les travaux du Hagelsberg, et déjà il avait avancé les cheminemens de 20 toises vers la place, et avait fait des amorces sur la troisième parallèle, lorsque l'ennemi sortant tout-à-coup de Dantzick, vint l'attaquer à l'improviste et interrompre ses travaux. Plusieurs sapeurs furent tués en se défendant avec vigueur. Le sergent de sapeurs, Thomas, dont nous avons déjà signalé le zèle et la bravoure, fut grièvement blessé d'une balle à la cuisse, en ralliant les travailleurs sous la fusillade qui ne cessa qu'au jour. Les généraux du génie demandèrent pour lui la croix et le grade de lieutenant en second.

Le 26 avril, le major-général de la grande armée, Berthier, prince de Neufchâtel, vint voir la tranchée, et la présence de l'intime ami de l'Empereur inspira une nouvelle ardeur aux soldats.

Les travaux de la basse Vistule, qui tendaient à assurer la droite du camp dans l'île, furent continués. On reconnut sur la rive gauche que les eaux étant baissées, on pouvait s'avancer sur la digue jusqu'au dessous de l'embouchure du canal. Il fut donc arrêté qu'on y établirait une batterie, et qu'on profiterait de la digue elle-même, pour y communiquer par une gabionnade.

Un convoi venu de Varsovie, donna le moyen d'augmenter de sept le nombre des bouches à feu battant le front d'attaque, et d'armer les nouvelles batteries. Six pièces de canon furent ajoutées à celles déjà en batterie sur le Stolzemberg.

Le feu avait été très-vif pendant toute la journée, et les assiégés y avaient répondu avec avantage (1). Ils s'étaient également appliqués à troubler les travailleurs de la troisième parallèle, par la mousqueterie des palissades, les obus et la mitraille des remparts. Cependant les assiégeans avaient continué leurs travaux, et poussé huit boyaux de communication à la droite, pour

-----

(1) Une bombe tomba sur une baraque qui renfermait des obus de 24, et y mit le feu. On pouvait s'attendre à une explosion terrible. Cependant le capitaine Lorge et les deux canonniers Duquenoy et Bourgeois, de la 16e. compagnie du 7e. régiment, eurent l'audacieuse témérité de se jeter dans la baraque enflammée, et réussirent à en retirer toutes les caisses d'obus.

reprendre la parallèle , lorsqu'à sept heures du soir le feu des assiégés cessa tout-à-coup, et fut remplacé par un profond silence. Un tel changement dans les dispositions de l'ennemi fit soupçonner au colonel du génie, Lacoste , aide-de-camp de l'Empereur, et commandant la grande attaque , que les Prussiens méditaient une sortie, et de concert avec le général Menard , commandant de tranchée , il prit les précautions suivantes. Cent cinquante hommes du 12e. régiment d'infanterie légère furent placés dans les boyaux de gauche de la troisième parallèle , sous le commandement du capitaine Perrin ; cent voltigeurs du même régiment occupèrent ceux de droite, sous les ordres du capitaine Durosnel ; des réserves dirigées par les deux aides - de - camp du général Menard , furent placées à droite et à gauche, tandis qu'une compagnie de carabiniers , aussi du 12e. régiment, devait occuper le centre. L'ordre fut donné à ces divers détachemens de laisser avancer l'ennemi dans les tranchées, qui n'étaient cependant pas achevées, et de l'attaquer ensuite vivement par ses deux flancs, pour couper la tête de sa colonne.

A dix heures du soir, un petit poste placé en avant, ventre à terre, vint annoncer, en se repliant, que l'ennemi sortait, et qu'il avançait en colonnes par peloton la baïonnette en avant. Six cents grenadiers , l'élite de la garnison, pré-

(89)

cédaient cette colonne, et étaient suivis de deux
cents travailleurs, armés de pioches et autres
outils.

Les travailleurs des assiégeans s'étant retirés,
l'ennemi enfila la partie de la parallèle de droite
déjà creusée ; mais au moment où il se préparait
à la détruire, les troupes en embuscade franchi-
rent les épaulemens qui les cachaient, et abordè-
rent les assiégés à la baïonnette, et sans tirer un
coup de fusil. L'ennemi culbuté par cette attaque
terrible, se replia confusément sur une forte
réserve qu'il avait vers son chemin couvert. Une
fusillade meurtrière s'engagea aussitôt ; mais déjà
la colonne attaquante était coupée. Elle essaya
vainement de se soutenir, en tiraillant sur la
gauche ; les six cents grenadiers de la garnison
furent presque tous obligés de mettre bas les
armes. Les capitaines Perrin et Durosnel, l'aide-
de - camp du général Menard, Travers, les
chasseurs Tiris et l'Estérade, les sergens de sapeurs Vernon et Geoffroy, méritèrent d'être cités honorablement dans le rapport de cette affaire. Vernon, sergent-major de la 1re. compagnie et du 2e. bataillon „ avait reçu trois coups
de baïonnette, après avoir tué un officier prussien qui le sommait de se rendre.

Le 27 au matin, le général Kalkreuth envoya
demander une suspension d'armes pour enter-
rer ses morts. En lui répondant qu'il lui accordait une trêve de deux heures pour remplir ce

triste devoir, le maréchal faisait au général prussien des reproches sur la conduite de ses troupes : après lui avoir dit que sa propre humanité l'engageait à lui accorder sa demande, il ajoutait le passage suivant, trop honorable aux troupes françaises, pour que nous ne le consignions pas ici : « Si quelques reproches d'inhumanité peuvent être adressés, je ne pense pas que ce puisse être à nos troupes : elles ont cessé leur feu cette nuit, en s'apercevant que les vôtres enlevaient leurs morts, et ont été assaillies d'une grêle de balles en cherchant à sauver quelques malheureux blessés , ce qu'elles ont cependant effectué, malgré tout ce que les vôtres on fait pour les en empêcher. Enfin, le soldat français a toujours été humain, et c'est sous ce rapport qu'il s'est surtout fait toujours connaître. »

Cette suspension d'armes fut utile aux assiégeans, en ce qu'elle donna au génie et à l'artillerie la faculté de visiter le front de leurs ouvrages, et d'y apporter les changemens jugés nécessaires. On reconnut de nouveaux emplacemens de batteries à ricochet, et les tranchées qui devaient les lier aux parallèles. On profita également de cette trève pour lier par un boyau la gauche des deux batteries du Stolzemberg à l'attaque du Bischofberg ; l'artillerie porta en avant, dans la place d'armes, entre la deuxième et la troisième parallèle, des mortiers, des obusiers, et trois pièces de douze.

A l'attaque de la basse Vistule, on enleva à l'ennemi la langue de terre qui est à l'extrémité de l'île d'Holm ; on isola cette langue de terre par une coupure qui la mettait hors d'atteinte des entreprises ultérieures de l'ennemi, et l'on rendit ainsi plus immédiate la communication entre les deux rives. Ce travail fut parfaitement dirigé par le chef de bataillon du génie, Sabathier. Mais afin de compléter les facilités nécessaires pour cette communication, qui ne pouvait jusqu'àlors se faire que par un détour de plus de huit lieues, on résolut et commença la construction d'un pont de bateaux sur la Vistule, et d'un autre sur le canal.

Le 28 avril, l'ennemi dirigea pendant toute la nuit un feu terrible et continu sur les batteries du Stolzemberg, et contre les batteries A et B : car il s'était convaincu qu'elles finiraient par détruire le bastion de droite du Bischofberg; aussi prit-il le parti d'accumuler sur ce point une artillerie quadruple de celle des redoutes. Les Français ripostèrent cependant avec avantage à ces décharges multipliées. Ils avaient tiré 1319 coups dans la journée du 26 : celle du 27 en consomma 1930.

A l'attaque principale, on travaillait à prolonger la droite de la troisième parallèle, et à élargir quelques communications; on prolongeait également un des boyaux de la demie place d'armes de droite, vers l'emplacement reconnu la veille pour une nouvelle batterie, lorsqu'à dix heures du soir l'ennemi effectua une sortie considérable sur la troisième parallèle. Ces sorties étaient toujours apprises avec joie par les Français, qui les regardaient comme autant d'occasions d'obtenir de la gloire. Aussi, à la première nouvelle que deux mille hommes environ s'avançaient sur sa gauche, le major de tranchée, Rogniat, eut bientôt fait ses dispositions : il se mit à la tête de deux compagnies du 19e. régiment de ligne, et marcha bravement à l'ennemi. Son attaque fut si brusque et si bien appuyée par les troupes de réserve que lui envoya le général Michaud, qu'au bout d'un combat d'une heure à la baïonnette, les Prussiens furent culbutés. Malheureusement une compagnie de voltigeurs s'étant, avec trop d'empressement, portée sur les palissades de l'ennemi, se trouva coupée par une réserve, que celui-ci avait cachée dans un ravin; fusillés devant les palissades, et attaqués en flanc par la réserve, les voltigeurs se replièrent en désordre sur les compagnies du 19e. régiment, et y portèrent la confusion. L'ennemi en profita, pour pénétrer dans la partie des tranchées encore imparfaite; il faisait des progrès inquiétans, lorsque le major Rogniat, ayant rallié son monde, et soutenu par le général Michaud, accourut en personne;

attaqua de nouveau les Prussiens, les repoussa et les poursuivit jusque dans leurs ouvrages. Cette sortie valut à l'ennemi une perte de soixante-dix morts, et de cent trente prisonniers. Du côté des Français, le 19ᵉ. régiment surtout, perdit aussi beaucoup de monde : parmi les morts étaient le capitaine Sauveterre et le lieutenant Fray. Le lieutenant de génie, Brenne, jeune officier plein de zèle et de bravoure, quoiqu'à peine sorti de l'école, avait été fait prisonnier, avec un caporal et deux sapeurs (1).

____

(1) Le maréchal, dans son rapport, citait avec éloge le baron de Stockorn, major badois et major-général de tranchée; Musin, capitaine de voltigeurs du 19ᵉ., pris et repris trois fois ; Quintieux et Aurillac, capitaines ; Dumont, Pillet et Dunio, sergens-majors au 19ᵉ., qui étaient entrés dans le chemin couvert avec l'ennemi, et avaient tué six hommes et deux officiers ; Teinturier, voltigeur du 19ᵉ, qui avait repris deux fois le capitaine Musin des mains de l'ennemi, en tuant à chaque fois deux ou trois hommes ; et Hatzler, caporal badois du régiment du grand duc héréditaire, qui avait soutenu son poste avec trente-cinq hommes, et avait détruit ou repoussé tout ce qui s'était présenté devant lui.

Le maréchal finissait son rapport par une preuve de modestie aussi rare que remarquable. Il avait auprès de lui au camp son fils unique. Cet intéressant jeune homme n'était encore que capitaine et aide de camp de son père, et n'avait obtenu aucune décoration dans toutes les affaires, quoiqu'il s'y fût montré digne du nom qu'il portait ; toujours prêt à s'élancer où le danger lui paraissait le plus pressant, il avait déjà eu trois chevaux tués sous lui depuis le commencement du siége. Dans cette dernière action il s'était précipité à la tête d'un détachement, et avait puissamment contribué à repousser les Prussiens. Malgré tant de motifs pour louer son fils,

Les combats de la nuit avaient empêché de pousser les travaux avec l'activité ordinaire. Cependant, le 29 au jour, on avait prolongé de 20 toises les travaux de la sape, sur la droite et sur la gauche de la troisième parallèle.

De nouveaux convois d'artillerie arrivés dans cette même journée, servirent à augmenter les moyens d'attaque des assiégeans. Les généraux d'artillerie s'occupèrent du soin de les distribuer dans les lieux où ils étaient nécessaires.

Pendant la nuit, et à l'attaque principale, on entama la partie circulaire sur le saillant de la demie-lune du Hagelsberg; on disposa le parapet de la troisième parallèle pour recevoir des tirailleurs; on la borda de sacs à terre, et après l'avoir élargie, on y forma des banquettes. A la fausse attaque, on prolongea vers la droite les tranchées qui couvraient les batteries du Stolzemberg.

Le 30, les batteries françaises, augmentées de plusieurs pièces, froudroyèrent la place avec plus de vigueur encore que jamais. Le feu se renouvela dans Dantzick, et ce ne fut qu'avec des peines infinies que les assiégés réussirent à l'éteindre. Les commandans d'artillerie française

---

le maréchal avait jusqu'alors gardé le silence sur son compte. Cette fois seulement il disait à la fin de son rapport : « Le fils du maréchal Lefebvre s'est précipité à la tête d'une colonne. »

établirent, pendant cette journée, deux nouvelles batteries, l'une dans la deuxième parallèle, et l'autre en avant de cette même parallèle; plusieurs pièces de trois furent disposées aux extrémités de la troisième parallèle, pour les flanquer contre les sorties. Deux batteries furent élevées aux extrémités des deux places d'armes, entre la deuxième et la troisième parallèle, pour balayer les branches des chemins couverts de la demi-lune, et battre les réduits en charpente qui étaient dans la place d'armes rentrante.

De leur côté, les assiégés avaient répondu par le feu de toutes leurs batteries à celui des assiégeans. S'étant trouvés très-incommodés des décharges de la redoute A, ils dirigèrent contre elle plus de vingt pièces de canon. Sur le soir, les tirailleurs de la place se répandirent dans les chemins couverts, et ne cessèrent d'inquiéter les travailleurs français par le feu roulant de leur mousqueterie; les assiégés lançaient en même temps une si grande quantité de pots à feu, qu'on voyait clair comme en plein jour. Cependant les assiégeans établirent les communications de la deuxième à la troisième parallèle. Ils débouchèrent à la sape pleine des deux points de la troisième parallèle, pour s'avancer sur la capitale de la demi-lune par une portion circulaire. A la fausse attaque, on donna plus de profondeur aux boyaux de communication de la batterie de sept pièces du Stolzemberg, avec celle qui se trouvait en avant. Sur la rive gauche de la Vistule, on perfectionna et élargit la communication de la digue, et on continua le travail de la traverse de l'entrée de la redoute F. Le 1ᵉʳ. mai, dès la chûte du jour, on s'occupa de la batterie, et on commença les parapets du côté de la rivière.

L'artillerie avait continué son feu sur la place, et les assiégés lui avaient répondu avec vigueur : plusieurs canonniers Français avaient été tués ou blessés. Le maréchal Lefebvre, fatigué de voir que le siége traînait en longueur, réunit chez lui les généraux Chasseloup et Lariboissière, et ceux de leurs officiers qu'ils jugèrent utile d'y appeler pour se concerter sur les moyens de réduire enfin Dantzick. Il fut reconnu que les fortifications étant en terre, étaient, pour ainsi dire, à l'abri de l'artillerie, et qu'il fallait, au moyen des travaux du génie, essayer de détruire les palissades et faciliter à l'infanterie l'assaut des ouvrages extérieurs. Le général Chasseloup-Laubat reçut donc l'ordre d'imprimer à son arme une nouvelle activité.

Le 2 mai, le travail de la sape continua d'éprouver de grandes difficultés. Le canon de l'ennemi renversait les gabions à mesure qu'on les posait.

Pendant la nuit, les deux têtes de sape de la circulaire, sur le saillant de le demi-lune, furent rejointes, et l'on amorça à l'extrémité gauche de la troisième parallèle une portion de sape, pour tenter de gagner l'angle saillant du chemin couvert, vis-à-vis le bastion de droite.

A trois heures du matin, l'ennemi fort de deux cents hommes, vint attaquer les travailleurs des assiégeans, à la droite de la petite église brûlée de Stolzemberg. Les travailleurs, conduits par le capitaine de sapeurs Boisaubert, et renforcés par quelques hommes du 2ᵉ. régiment d'infanterie légère et du 3ᵉ. d'infanterie polonaise, commandé par le capitaine Kzergériski, s'opposèrent vigoureusement à cette attaque de l'ennemi. Le capitaine Boisaubert, faisait des prodiges de courage, lorsqu'atteint d'un coup de feu, il fut renversé mort. C'était un des officiers les plus zélés et les plus expérimentés de l'arme du génie. Cependant sa perte ne ralentit point l'ardeur des Français. Ils cherchèrent au contraire à venger sa mort, en combattant à outrance les Prussiens, qui furent presque tous tués ou faits prisonniers.

Pendant la nuit du 3 au 4 mai , on travailla avec plus d'avantage, parce que l'ennemi ralentit le feu de ses canons et de sa mousqueterie. On déboucha à sape double de la portion circulaire sur le saillant de la demi-lune. Ce cheminement fut poussé de quatre toises sur le bastion de droite du Hagelsberg. On fit aussi deux tranchées dans la partie droite de la

troisième parallèle, et on prolongea cette même
lèle dans le valon de Scheidlitz.

Le quatre au jour, l'ennemi s'étant aperçu
des progrès faits pendant la nuit, commença un
feu très-vif d'artillerie, qui fit encore discontinuer la marche de la sape.

A onze heures du matin, une multitude de
Cosaques se jettèrent à l'improviste sur les vedettes établies dans la langue de terre près de Dantzick, en enlevèrent une et blessèrent grièvement
une autre. Mais il suffit aux postes de se réunir
pour forcer les Cosaques à prendre promptement
la fuite.

Les assiégés avaient continué leurs décharges.
Cependant, vers les quatre heures, les batteries
de la seconde parallèle réussirent à faire cesser
le feu dirigé contre elles, soit en démontant l'artillerie de l'ennemi, soit en bouleversant ses embrasures (1) : la nuit toute entière fut employée
à réparer les dégâts de la journée.

____

(1) Ce même jour le gouverneur de Dantzick, le
général Kalkreuth, courut un danger auquel il n'échappa
que par une espèce de miracle. Il donnait ordinairement
le mot d'ordre dans une casemate du Hagelsberg. Le
4 mai, pendant qu'il allait dans cette casemate avec les
officiers d'état-major, une bombe roula et éclata au
milieu d'eux. Les généraux Laurenz, de Platen, et
d'Arnin furent blessés à mort, et tous les autres atteints
plus ou moins grièvement des éclats du terrible projectile.
Le comte de Kalkreuth resta seul sain et sauf au milieu
de ses amis, autant effrayés du danger qu'il avait couru
que du leur propre.

Les 5 et 6 mai furent employés à continuer les travaux que l'ennemi, avec une infatigable activité, détruisait à mesure qu'on les terminait. Le général Kirgener, dans le précis qu'il a donné du siége de Dantzick, a eu grand soin d'expliquer comment l'artillerie française n'avait point jusqu'alors arrêté les ravages de celle de l'ennemi. « Malgré l'adresse de notre artillerie, dit-il, et la supériorité qu'elle avait dans les salves réciproques sur celle de l'assiégé, celle-ci conservait néanmoins une grande vigueur, parce qu'il n'avait pas été possible de ricocher les lignes de la fortification ; que nous étions obligés de ménager les munitions, et que l'ennemi ayant des ressources immenses, pouvait remettre toutes les nuits de nouvelles pièces en batterie, quand on croyait avoir éteint son feu à la fin de la journée. » Toutefois, quoique l'ennemi eût fait des décharges continuelles de bombes, de pierriers et de pots à feu, on continua les différentes sapes, et on réussit à s'approcher à six toises du saillant de la demi-lune.

Cependant, ainsi que nous l'avons déjà dit, le maréchal Lefebvre méditait depuis long-temps l'attaque de l'île d'Holm, comprise entre la Vistule et le canal de Laacke, que les Prussiens possédaient toujours. Les généraux du génie avaient souvent représenté que, si on parvenait à s'en emparer et à prendre la petite redoute sur la

7 *

rive gauche, il serait ensuite facile de construire de nouvelles batteries de revers contre le front d'attaque, et inutile désormais d'avoir de continuelles traverses pour couvrir les tranchées de flanc et quelque fois même à dos. On avait surtout senti l'importance de cette conquête depuis qu'on s'occupait de l'établissement de deux ponts de bateaux sur la Vistule et le canal de Laacke. La résolution de tenter cette entreprise était donc arrêtée, et l'ordre fut donné pour l'exécuter dans la nuit du 6 ou 7 mai.

Le général de division Drouet, chef de l'état major général, fut chargé de la direction de l'expédition ; l'adjudant général Aymé, eut le commandement des troupes : le général Gardanne eut ordre de le seconder par un passage sur le canal.

L'Ile d'Holm était occupée par quinze cents Russes, cinq cents Prussiens et quelques compagnies d'artillerie prussienne. Quinze canons et cinq obusiers contribuaient à sa défense ; de grands magasins de poudre, de grenades, de boulets y étaient rassemblés. L'île d'Holm enfin était une des principales ressources des assiégés.

Cependant huit cents hommes seulement (1)

____

(1) L'auteur allemand déjà cité, comme s'il eût voulu relever davantage encore la gloire des Français et rabaisser celle des troupes de sa nation, affirme que l'île d'Holm fut conquise par deux cents Français et

choisis parmi les différentes troupes assiégeantes, furent rassemblés à huit heures du soir pour attaquer cette importante position. Ils devaient manœuvrer sur la rive droite tandis que le général Drouet ferait attaquer la petite redoute dite de Kalkschantz. A dix-heures du soir, les pontonniers mirent à l'eau douze barques qui pouvaient contenir chacune vingt-cinq hommes. Cinquante grenadiers de la garde de Paris, deux cents hommes du 11ᵉ. et 12ᵉ. régiment d'infanterie légère et cinquante canonniers mineurs et sapeurs, furent employés dans cette première partie de l'attaque.

A une heure les douze barques s'avancent à la rame : les postes de l'ennemi qui s'aperçoivent de ce mouvement font une fusillade assez vive et tirent deux coups de canon à mitraille (1). Les pontonniers forcent de rames. En cinq mi-

---

cinquante Badois , *armés* , dit-il , *de leur seule valeur*. C'est un bel aveu dont nous prenons acte au profit de qui de droit.

(1) Cependant l'auteur Allemand prétend que tout dormait dans l'île , vedettes , postes et garnison , et que les Français furent maîtres de l'île d'Holm , avant que les Prussiens et les Russes se fussent aperçus de leur présence Il assure même, ce que nous nous garderons bien d'affirmer par respect pour le corps vénérable de MM. les officiers prussiens ; il assure que le major Utkens , qui commandait dans l'île , fut *surpris au lit avec une fille de joie qu'il tenait tendrement embrassée,* et que les Badois, qui le firent prisonnier avec sa nymphe s'amusèrent long-temps de leur singulière conquête.

nues le débarquement est effectué. Le capitaine
Avy, aide-de camp du général Drouet, marche à
la tête des grenadiers de Paris sur la première
des redoutes et l'enlève à la baïonnette. L'adjudant général Aymé s'avance en même temps sur
la redoute de gauche et le chef de bataillon Roumette sur le retranchement de la pointe de l'île.

Avertis par les deux coups de canon à mitraille, les Prussiens et les Russes étaient accou-
rus en bon ordre, au-devant des assaillans, et
attaquèrent les colonnes du général Drouet et
de l'adjudant général Aymé, en poussant, en signe
de ralliement, leurs hurlemens ordinaires de
houra ! houra ! A ces cris les Français répon-
dent en battant la charge. L'ennemi attaqué
vigoureusement, à la baïonnette, se défendit vainement et fut obligé de se replier sur la grande
redoute à la pointe de l'île ; mais il fut poursuivi
avec tant d'acharnement que les têtes de colonnes
françaises entrèrent pêle-mêle avec les Russes et
les Prussiens, en poussant à leur tour le cri de la
victoire : *vive l'Empereur !* Il fut impossible à
l'ennemi de se servir de ses canons. Les Français s'en étaient emparés avant que les canonniers eussent pu les tourner contre eux.

Chassés de la redoute principale, les Russes et
les Prussiens continuaient à se retirer le long de
leurs retranchemens sur la digue du canal, lorsque les troupes du général Gardanne, qui étaient

passées dans l'île en traversant le canal au premier signal du débarquement, leur coupèrent la retraite et les forcèrent à combattre de nouveau. Tout ce qui échappa à la terrible baïonnette française fut obligé de se rendre prisonnier.

Le succès était donc complet sur la gauche, lorsque le second débarquement, composé de Badois et de la légion du Nord polonaise, commença à s'effectuer. L'adjudant général Aymé le fit aussitôt marcher sur la droite, pour soutenir le capitaine Avy, qui venait de prendre position en avant de la redoute qui servait à l'ennemi de tête de pont, au point du départ du canal. Devenu plus fort au moyen de ce secours, Avy attaqua l'ennemi à la baïonnette et emporta les retranchemens qui protégeaient cette redoute, tandis que le chef de bataillon Roumette, avec trois compagnies de la légion du Nord et une de sapeurs saxons, l'attaquait sur la gauche. Vainement des obstacles de terrain presqu'insurmontables s'étaient opposés à la marche de cette dernière colonne. Roumette avait franchi un canal très-profond, ayant de l'eau jusqu'à la ceinture. Aussi en moins de cinq à six minutes, et malgré les palissades qui la défendaient, la redoute Kalkschantz fut enlevée avec ses canons, et les deux cents Prussiens qui la gardaient furent obligés de mettre bas les armes.

Le capitaine Avy continuant ses succès pendant le cours de cette attaque, avait enlevé les retranchemens de la dernière redoute. Les Russes qui la défendaient opposèrent la résistance la plus opiniâtre. Mais ce fut en vain; attaqués à la baïonnette, ils furent hachés sur leurs pièces, et plus de trois cents d'entre eux furent obligés de se rendre prisonniers. La prise de cette redoute terminait l'expédition d'une manière glorieuse, et désormais les Français étaient entièrement maîtres de l'île d'Holm (1).

Ainsi, plus de deux mille Russes ou Prussiens, soutenus d'une formidable artillerie, n'avaient pu défendre leur position contre huit cents Français. Plus de douze cents d'entre eux furent tués, blessés, ou faits prisonniers ; dix-sept pièces de canon tombèrent au pouvoir des vainqueurs. Presque tous les officiers russes avaient perdu la vie en faisant de vains efforts pour rallier leurs troupes et les ramener au com-

____

(1) La perte de l'île d'Holm fut pour les Prussiens et les Russes une nouvelle cause de mésintelligence. Les deux nations se reprochaient mutuellement d'avoir été les auteurs de ce triste événement. Le gouverneur fut d'ailleurs si indigné de la lâcheté des troupes, que dans un ordre du jour publié le 7 mai, il les vouait à l'infamie et traitait les fuyards de *drôles* et de *chiens*, expressions sans doute peu choisies, mais probablement conformes aux mœurs des généraux prussiens qui ont assez l'habitude de regarder leurs soldats comme des machines ou des bêtes de somme. Le comte de Kalkreuth ajoutait même que, pour signaler ces lâches, il formerait des *drôles* et des *chiens* de fuyards un corps particulier qu'il enverrait à l'ennemi dans les postes les plus dangereux.

bat. Un si grand triomphe était encore rendu plus éclatant par la perte médiocre qu'il avait causé aux attaquans. Les Français ne comptèrent que trente-six blessés et neuf tués, dont un capitaine du deuxième régiment d'infanterie légère (1).

____

(1) Dans son rapport, le maréchal se louait particulièrement de l'adjudant-général Aymé, du capitaine Avy et du chef de bataillon Armand. Il citait avec éloge Clop et Lapotterie, lieutenans, et ses aides de camp, Ferber, capitaine de cuirassiers saxons, et d'Héricourt, capitaine adjoint, qui étant débarqués les premiers, avaient fait preuve du plus grand courage, et arrêté plusieurs prisonniers ; Pati, adjudant-major ; Lagneau, lieutenant ; Michel et Deborthan, sous-lieutenans ; Boucher et Collin, sergens dans le 2e. régiment d'infanterie légère ; Roumette, chef de bataillon ; Scalabrina, capitaine ; Helin, Thiebaut et Reinhauss, lieutenans ; Veidenelles, caporal ; Shanghi, capitaine, Tyrondelle, lieutenant, et Frédéric, tambour dans la légion du nord ; Daviel, capitaine ; Thomas, lieutenant ; Andet, caporal, et Sorde, soldat dans les grenadiers du régiment de la garde de Paris ; de St. Ange capitaine badois ; Aubert, capitaine d'artillerie ; Leclerc, capitaine de pontonniers ; Tardivi, capitaine du génie ; Salomon, capitaine aide de camp du général Puthod qui entra le premier dans la redoute de Kalkschantz, quoiqu'il ne fût pas encore guéri de ses blessures ; Jacquemart mineur de la 8e. compagnie, qui essaya pendant long-temps, sous le feu de la mitraille et de la mousqueterie, presque à bout portant, de limer la chaîne du bac par lequel l'ennemi pouvait communiquer avec l'île, et qui ne pouvant réussir, coupa à coups de hache le poteau auquel cette même chaîne était attachée.

Enfin un dernier trait que signalait le maréchal Lefebvre, et qui rappelle le dévouement si célèbre du chevalier d'Assas, était celui-ci : Fortunas, soldat au 12e.

Les assiégeans s'occupèrent sur-le-champ du soin d'assurer leur conquête. Le major du génie, Boissonet, qui avait partout accompagné le commandant de l'expédition et avait fait toutes les dispositions propres à la seconder, fut chargé, après l'attaque, de la direction de tous les travaux jugés nécessaires. Aidé du capitaine du génie Fauvi, aide-de-camp du général Kirgener, il éleva divers retranchemens dans l'île, et retourna les batteries de l'ennemi de manière à les faire servir contre la ville. Boissonet mit tant d'activité dans ces divers travaux, que le 7 mai, à six heures du matin, la redoute de la rive gauche commençait à foudroyer la ville; le pont de radeaux, projeté sur le canal, était achevé, et celui sur la Vistule presqu'entièrement terminé.

Pendant la journée du 7, l'artillerie assiégeante dirigea sur la ville le feu le plus violent qu'elle eût encore fait; il fut si vif et si bien nourri, qu'il parvint à faire taire entièrement celui de l'ennemi. Sur le front d'attaque, des rangs de palissades entiers furent enlevés par les boulets et les éclats

---

régiment d'infanterie légère, s'était porté en avant; l'excès de son audace le fait tomber au milieu d'une d'une colonne de Russes qui criaient : *ne tirez pas, nous sommes Français.* Menacé d'être tué s'il proférait un seul mot, Fortunas s'écrie : *tirez, tirez mon capitaine, ce sont des Russes.* Le Maréchal ne dit pas si ce brave homme fut victime de son dévouement.

de bombe; celles-ci éclataient dans les batteries sans y causer aucun mouvement, ce qui semblait indiquer que l'assiégé les avait abandonnées.

En effet, on le vit travailler à l'armement du corps de la place. Il en était temps; car, au point où étaient parvenus les assiégeans, et attendu le délabrement de ses ouvrages extérieurs, il ne pouvait guère repousser un assaut. L'artillerie française avait tiré, dans cette journée, 2,690 coups, dont 1,314 de 24, 640 de 12, 240 de 3, et 469 bombes. Les principaux édifices de Dantzick étaient détruits; les incendies se propageaient avec un telle rapidité, que tous les soins des assiégés ne pouvaient les arrêter.

Profitant donc de la supériorité désormais incontestable de son artillerie, le maréchal se détermina à tenter l'opération réputée la plus difficile et la plus périlleuse d'un siége, celle du couronnement du chemin couvert. Pour effectuer avantageusement cette opération, il eût fallu cheminer en même temps de la droite de la troisième parallèle et couronner tout le chemin couvert des fronts d'attaques; mais on avait trop peu de troupes pour entreprendre tant d'ouvrages à la fois; la bizarrerie du terrain offrait d'ailleurs des obstacles presque insurmontables, et, dès lors, on s'arrêta à couronner seulement le saillant du chemin couvert de la demi-lune du Hagelsberg. Le colonel du génie Lacoste, aide-de-camp de l'Empereur et commandant l'attaque, fut chargé de cette opération ; le succès en fut préparé par les sages dispositions des généraux de tranchée et du chef de bataillon du génie Rogniat, chargé, sous eux, de la distribution des troupes pour la garde des tranchées.

On devait d'abord chercher à se rendre maître des mines que les assiégés dirigeaient contre les assiégeans ; on s'était donc préparé la veille, en poussant, avant le jour, la sape debout aussi près que possible du saillant ; on devait également se mettre en mesure pour établir des batteries directes et d'un effet assuré contre les blockhauses qui servaient de retranchemens aux places d'armes rentrantes ; enfin, on devait rechercher l'origine des feux souterrains de l'assiégé sur lesquels on n'avait que des avis contradictoires.

Dans la nuit du 7 au 8 mai, deux compagnies du 19e. régiment de ligne, conduites par le chef de bataillon Bertrand, s'avancèrent pour débusquer l'ennemi des deux branches du chemin couvert de la demi-lune ; il leur fallut braver le feu roulant d'une vive mousqueterie qui partait des palissades, et celui de quatre pièces de canon qui tiraient à mitraille ; cependant, protégés par elles, des travailleurs pénétrèrent jusque dans les places d'armes rentrantes, et, pendant que l'on fusillait derrière les palissades et que l'on y faisait des prisonniers, les sapeurs et les travailleurs du 19e. régiment réussirent à couronner la tête du chemin couvert au saillant de la demi-lune.

On éprouva d'ailleurs l'impossibilité d'insulter les deux blockhauses qui flanquaient les deux branches du chemin couvert attaqué. Mais tandis que les sapeurs coupaient les palissades, quatre mineurs avec un sergent descendaient dans le chemin couvert, afin de découvrir les travaux de mine auxquels on savait que l'assiégé travaillait, depuis plusieurs jours, au saillant que l'on voulait couronner. Il fut reconnu que l'assiégé était entré en galeries par un puits poussé à vingt-quatre pieds de profondeur ; que, du fond de ce puits, partaient des galeries qu'il espérait pousser à cinquante pieds, mais qu'elles n'en avaient encore que vingt-cinq. A l'instant où l'on découvrit le puits de mine, le sergent Chapot, du quatrième bataillon de sapeurs, qui déjà était descendu le premier dans le chemin couvert, s'élança seul au fond de l'abîme, y trouva douze mineurs prussiens, les désarma, et les fit tous prisonniers. La mine découverte était la seule commencée par l'ennemi. Le trait hardi et heureux du brave Chapot débarrassa les assiégeans de la crainte qu'elle pouvait causer.

Les troupes françaises avaient montré un courage et un sang-froid dignes des plus grands éloges pendant cette opération, dont le succès rendit les assiégeans maîtres des galeries de l'ennemi, le chassa du chemin-couvert de la demi-lune, fit gagner l'emplacement de deux batteries importantes, et força les assiégés d'évacuer, dans la journée, les chemins couverts, et de ne conserver des tirailleurs que dans les blockhauses. La nature du terrain sur lequel les travaux avaient dû cheminer n'ayant point permis de construire un cavalier de tranchée pour préparer et favoriser le couronnement du chemin couvert, l'opération avait été très-meurtrière : plus de quatre-vingts individus, presque tous Français, avaient été tués ou blessés (1).

Le 8 mai, pendant toute la journée, on continua le travail du couronnement du chemin couvert ; on atteignit aussi, par l'autre sape, le saillant du bastion d'attaque.

Cependant différens indices, et l'apparition de plusieurs voiles ennemies dans le Frischhaff, donnaient à craindre, au maréchal Lefebvre, que

____

(1) Le colonel Lacoste, le chef de bataillon Rogniat, et le capitaine Leblanc, chef de la brigade du génie, s'étaient couverts de gloire. Le maréchal, dans son rapport, les comblait d'éloges, ainsi que le capitaine Beaulieu et le lieutenant Barthelemi, tous deux de l'arme du génie, qui avaient été grièvement blessés. Il citait aussi honorablement le chef de bataillon Bertrand, le capitaine Debacgni, les lieutenans Jeannet et Gruel, les sous-lieutenans Pelletier et Delard, le sergent Vassa, tous du 19e. régiment de ligne, et le lieutenant Petit, du 12e. régiment d'infanterie légère.

l'Empereur de Russie et le Roi de Prusse ne for-massent quelques entreprises pour délivrer Dant-zick. Il invita, en conséquence, le général Ou-dinot, qui campait à côté, à porter une de ses brigades dans l'île de Nogat, afin de se trouver en mesure de secourir les assiégeans s'ils étaient attaqués par des forces supérieures ; en même temps, il fit la visite générale de tous ses postes, et ayant reconnu que la position du général Gar-danne était améliorée depuis la prise de l'île d'Holm, il détacha, de son corps, huit cents hommes, qu'il fit passer sur la rive gauche du canal, avec la dénomination de brigade du centre; le général Desenfant en prit le commandement, ainsi que de quelques autres troupes du général Schramm, qu'il mit sous les ordres particuliers du colonel Brayer et du chef de bataillon Ar-mand. Ces changemens furent accompagnés d'ins-tructions sévères données au général Schramm pour observer le Frischhaff. Il lui recommandait de baraquer continuellement au milieu de sa brigade dans le Nehring, et de tenir ses troupes dans un mouvement assidu propre à les mettre en mesure de s'opposer avec succès à la moindre tentative de l'ennemi.

Mais afin de presser la prise de Dantzick, au-tant que pour répondre à l'impatience de l'Em-pereur qui semblait s'étonner qu'avec des Fran-çaise le siége traînât tellement en longueur, le maréchal Lefebvre avait pris la résolution de donner l'assaut au Hagelsberg le lendemain, s'il était possible. Les généraux de génie furent, en conséquence, prévenus de faire toutes les reconnaissances nécessaires, et ceux d'artillerie eurent ordre de redoubler le feu de leurs batteries afin de protéger ces reconnaissances. En conformité de ces ordres, la place, pendant la journée du 9 mai, fut foudroyée sans interruption ; deux pièces des batteries basses de l'ennemi, à gauche du Hagelsberg, furent démontées par les batteries de la gauche de la deuxième parallèle. On reduisit au silence les pièces du bastion gauche, de sorte qu'il ne restait plus, sur le front d'attaque, que le feu des trois pièces du bastion droit. Les bombes et les obus avaient fait, dans la ville, un ravage toujours croissant. Enfin, pour enfiler la droite du chemin couvert du Hagelsberg, on établit dans l'île une batterie de deux pièces de douze ; une seconde fut construite à la pointe de la même île pour enfiler et prendre à revers les ouvrages du corps de place qui répondaient au Hagelsberg, et trois pièces de vingt-quatre furent mises en batteries sur un mamelon pour battre le gros cavalier de la place.

Au soir, tous les débouchés pour entrer dans le chemin couvert se trouvèrent prêts. Quand la nuit fut close, les généraux du génie ordonnèrent d'y pénétrer. Deux détachemens de sapeurs ,

soutenus par un piquet d'infanterie, poussèrent
une reconnaissance sur les blockhauses des places
d'armes. Le sergent de mineurs Voyer sauta un
des premiers dans le chemin couvert, et s'assura
que l'ennemi n'avait point préparé de mine au
saillant du bastion ; mais les sapeurs et le piquet
d'infanterie furent assaillis par le feu des blockhauses qu'ils voulaient reconnaître et par les pots-
à-feu que lançaient les canonniers des remparts.
Ces décharges étaient si violentes, qu'ils furent
obligés de rebrousser, après avoir perdu 5 sapeurs
et avoir eu 10 blessés, parmi lesquels se trouvaient les sergens Gorius et Schwartz, qui commandaient les deux détachemens de sapeurs. Il
fallut faire au dernier l'amputation de la cuisse.

La reconnaissance faite pendant la nuit sur les
blockhauses ayant convaincu les généraux Chasseloup, commandant du génie , et Lariboissière ,
commandant de l'artillerie, que ces réduits de
places d'armes étaient encore fortement occupés
par l'ennemi , le maréchal Lefebvre fut engagé
par eux à remettre l'assaut du Hagelsberg, et il
s'y détermina, aimant mieux reculer de quelques
jours la prise de la place, que de prodiguer inutilement peut-être le sang des braves qu'il avait
sous ses ordres. On reprit donc le 10 mai les
travaux ordinaires, et l'ordre fut donné de cheminer sur les trois saillans à la fois , afin d'embrasser tous les contours du chemin couvert et

de détruire les blockhauses par une fougasse , lorsque le couronnement serait arrivé à leur hauteur, et qu'il n'y aurait plus que 3 ou 4 toises de terre à percer pour placer les barrils de poudre dessous. Mais malheureusement le prolongement de la sape sur le chemin couvert de la face droite de la demi - lune ne put avancer beaucoup , parce que l'ennemi non-seulement culbutait à coups de canon les gabions de la sape , mais qu'il détruisait même avec ses bombes et ses obus le travail fait précédemment. Le capitaine du génie Collet fut blessé par un éclat de ces projectiles.

La position de l'armée assiégeante devenait critique. Le 10, onze bâtimens étaient entrés dans le port qui est protégé par le fort de Weichselmunde ; le 11 , 45 autres bâtimens vinrent se joindre aux onze premiers. Ils étaient tous chargés de troupes et débarquèrent au camp de Newpharwassen, qui heureusement ne conservait aucune communication avec la ville. Mais il était à craindre que ces renforts ne se multipliassent et ne vinssent attaquer le général Schramm dans le Nehring. L'impossibilité de résister avec la seule armée de siége eut donc pu donner les plus vives inquiétudes au maréchal; toutefois se confiant dans le génie de l'Empereur, auquel il s'empressait de faire part de sa situation , il attendit avec sécurité les secours qu'il sollicitait , et ne s'occupa que de continuer les travaux du siége.

On les reprit donc avec ardeur pendant la nuit du 11 au 12 ; mais il fut impossible de travailler au prolongement de la sape du centre. Les assiégés y jettaient une si grande abondance de grenades et de bombes , que six toises au moins de la tête en furent comblées. Toutefois on avança le couronnement du bastion d'attaque.

Les desseins de l'ennemi , en débarquant au port de Weichselmunde n'étaient plus douteux. Ils venaient dans l'espoir de dégager Dantzick et de forcer les troupes du maréchal Lefebvre à une honteuse retraite. Le projet de ce secours et son mode d'exécution avaient été discutés dans un grand conseil de guerre tenu à Bartenstein quelques jours après l'arrivée de l'Empereur Alexandre. Ce monarque , celui de Prusse et le prince Constantin, frère d'Alexandre, y assistèrent. Les dangers que la ville de Dantzick courait furent le principal objet de la discussion , et il fut reconnu qu'on ne pouvait secourir Dantzick que de deux manières. La première , en attaquant l'armée française , et pour y parvenir il fallait traverser la Passarge et courir les chances d'une bataille générale dont l'issue devait , en cas de succès , forcer l'armée française de découvrir le siége. Mais comme l'espérance d'un pareil succès était plus que douteuse, le conseil avait préféré la seconde manière , qui consistait à faire des

efforts pour attaquer l'armée de siége par mer.
En conséquence de cette décision, le général
Kaminski s'était embarqué au port de Pillau
avec deux divisions russes, composées de douze
régimens nationaux, et de plusieurs autres régimens prussiens, formant ensemble un total de
plus de vingt mille hommes. Soixante six bâtimens de transport, escortés de trois frégates,
avaient, ainsi que nous l'avons déjà indiqué,
débarqué ces troupes à l'embouchure de la Vistule, au port de Dantzick, et sous la protection
du fort de Weichselmunde.

Cependant le 12 mai au matin, les secours at-
tendus de la grande armée française n'étaient pas
encore arrivés, et déjà l'ennemi avait opéré presque en entier son débarquement : le danger était
imminent ; à chaque instant, la faible armée du
maréchal Lefebvre pouvait se voir forcée de changer de rôle, et d'assiégeante devenir assiégée. La
situation était d'autant plus embarrassante pour
le maréchal, que n'ayant pas asssez de troupes
pour faire face sur tous les points menacés, et
ignorant de quel côté attaquerait l'ennemi, il ne
pouvait que très-difficilement faire ses dispositions de défense. Le général Kaminski pouvait
attaquer, ou l'armée de siége proprement dite,
ou les troupes qui occupaient le Nehring, sous
le commandement du général Schramm, ou les
deux corps dans le même moment. Cependant,

prévoyant que les efforts de l'ennemi se porte-
raient d'abord sur le Nehring, c'est surtout de
ce côté qu'il dirigea son attention. Le général Gardanne, dont la position était plus rapprochée du camp retranché de Newpharwassen,
fut en conséquence renforcé du régiment de la
garde de Paris, de deux bataillons complets de
la légion du Nord, et d'un escadron du 19ᵉ régiment de chasseurs à cheval, qu'il lui envoya (1).
Le maréchal donnait en même temps au général
Schramm, qui commandait en chef dans le Nehring, toutes les instructions qui pouvaient le
mettre à même de se défendre avec plus d'a-
vantage.

____

(1) En lui envoyant ce renfort, le maréchal écrivait
au général Gardanne : « Ils sont tous vieux soldats ,
tous braves. Je tiens en outre en réserve un bataillon
ce grenadiers pour aller à votre secours dès que vous
serez attaqué, si je ne le suis pas moi-même au même
moment. J'espère que le brave Gardanne et le brave
Schramm ne quitteront qu'à la mort un poste auquel
je mets tant de prix ». Dans cette même lettre, monument précieux pour l'histoire, on voit quel intérêt le
maréchal portait à tous ses soldats, et avec quelle sollicitude vraiment paternelle il s'informait de tous leurs
besoins. « Faites venir votre commissaire des guerres ,
dit-il à la fin de sa lettre ; voyez avec lui la nourriture
des soldats. Ils ont tant à souffrir ! que du moins on leur
donne tous les adoucissemens possibles. Si vous n'avez
pas tout ce qui leur est nécessaire, envoyez chercher
ici, je partagerai avec vous ». Un général qui portait
à ses troupes un tel intérêt , ne devait-il pas en être
adoré ? Presque tous les guerriers Français ont mérité
cet éloge. Aussi leurs soldats juraient-ils toujours avec
eux de *vaincre ou mourir* pour la patrie et pour
l'honneur.

Déterminé à s'ensevelir sous les murs de Dantzick, plutôt que de lever le siége, le maréchal Lefèbvre, dans le noble enthousiasme qui l'animait, disait aux généraux, aux officiers et aux soldats, qu'il passait enrevue : « Tant que nous vivrons nous n'abandonnerons rien à l'ennemi : chacun défendra son poste jusqu'à la mort. » L'ardeur martiale du maréchal semblait avoir enflammé toutes ses troupes; toutes répondaient à sa généreuse proposition, par les cris de *Vaincre ou mourir* !

Mais un si beau dévouement ne fut point mis à l'épreuve, et l'Empereur n'abandonna pas les braves soldats qu'il avait devant Dantzick. Il n'avait pas plutôt appris le départ de Pillau, du général Kaminski, qu'il avait donné l'ordre au maréchal Lannes, qui commandait le corps de réserve de la grande armée, de se porter de Marienbourg, où son quartier général était établi sur Dantzick, et d'appeler à lui la division du général Oudinot, afin de renforcer l'armée assiégeante. Le brave duc de Montebello avait aussitôt forcé sa marche, et ses premières colonnes arrivèrent le 12 mai devant Dantzick, au moment même où le maréchal Lefebvre et ses dignes soldats prêtaient ensemble le sublime serment de vaincre ou de mourir. La présence inopinée de ce secours qu'on n'osait plus attendre, fit élever jusqu'au ciel les cris de joie et de

reconnaissance de l'armée assiégeante. Le maréchal s'était jeté dans les bras du valeureux
Lannes et du brave Oudinot, qu'il appelait avec
tant de raison le *chevalier sans peur et sans
reproche*. A la vue de cette scène touchante, ces
mêmes soldats qui avaient supporté stoïquement
l'aspect de tous les dangers, versaient maintenant des larmes d'attendrissement. De ce moment la victoire ne devait plus être incer--
taine.

Pendant la nuit qui suivit, l'artillerie et le
génie continuèrent leurs travaux avec une nouvelle activité; les descentes dans le chemin couvert furent amorcées, et l'on rejoignit les deux
têtes de sape du couronnement. Ces différens
travaux furent souvent troublés par les assiégeans;
plusieurs travailleurs furent tués, et le sergent
Chappot fut blessé à la tête d'une des sapes.

L'artillerie commença deux nouvelles batteries d'obusiers pour enfiler les chemins couverts
et les fossés des bastions du front d'attaque, dont
une dans la troisième parallèle et l'autre au couronnement du chemin couvert du bastion.

Le 13, au matin, les maréchaux Lefebvre et
Lannes tinrent conseil sur les dispositions à prendre pour repousser l'ennemi; elles furent ensuite
exécutées sur tous les points où l'on pouvait
soupçonner qu'il se présenterait, avec un zèle,
un ordre et un concert qui faisaient le plus

grand honneur aux troupes françaises et aux deux maréchaux. Le général russe qui, en partant de Pillau, ignorait l'occupation de l'île d'Holm et venait d'apprendre l'arrivée des renforts, parut déconcerté de ces deux événemens ; il mit la plus grande timidité dans ses manœuvres, et se tint prudemment retranché dans le camp de Newpharwassen. Les assiégeans ne purent remarquer qu'un passage fréquent de barques entre le camp et Weichselmunde. Il paraît aussi que le général Kaminski attendait, pour agir, qu'il eût communiqué avec le comte de Kalkreuth ; mais cette communication, ne pouvant se faire que par des signaux, était devenue très-difficile (1).

Pendant toute la journée, les assiégés firent un feu très-vif de mousqueterie, de bombes et de grenades qui empêcha la continuation de la sape. A cinq heures du soir, le capitaine du génie Paporet, aide-de-camp du général Bertrand, atteint d'un boulet, fut renversé sans vie. Cet officier, de la plus grande distinction, emportait avec lui l'estime générale de l'armée et les regrets de tous ses camarades.

---

(1) Il y avait cependant entre Dantzick et Weichselmunde une communication télégraphique. Mais soit que les Prussiens et les Russes n'entendissent rien à faire les signaux convenus, soit qu'ils fussent interceptés par des causes fortuites, les Dantzickois en attribuaient la faute aux Russes de Weichselmunde, et ceux-ci réciproquement s'en prenaient aux Dantzickois.

Pendant la nuit on déboucha des deux pointes de la sape pour entrer dans le chemin couvert du bastion, et dans celui de la place d'armes, vis-à-vis des blockhauses; on perça aussi le couronnement du chemin couvert en différens points pour arriver jusqu'aux palissades et travailler à les enlever. Leur énorme grosseur fit que, dans le premier essai, trois hommes employèrent plus de deux heures pour en couper trois à grands coups de hache; l'un des trois sapeurs fut même tué. Cet essai malheureux prouva qu'une attaque de vive force était impossible avant que ces palissades fussent ruinées. On se rappela alors qu'en 1734, les Russes, parvenus à la troisième parallèle, ayant voulu tenter un assaut, y avaient perdu cinq mille hommes, et s'étaient vu obligés de rentrer dans leurs tranchées.

A minuit, l'assiégé, devenu audacieux par la présence de l'armée de renfort, fit une petite sortie, et pénétra jusque dans la tête de la sape qu'on avait cru menacée par les mines. Une compagnie du 12°. régiment d'infanterie légère le chargea aussitôt à la baïonnette, le culbuta, et le repoussa jusqu'à ses palissades, après lui avoir tué quatorze hommes.

Le 14 mai, les sapeurs débouchèrent sur le saillant de la place d'armes rentrante par une sape de bout; ils la poussèrent jusqu'à trois pieds de la palissade, et firent une traverse à une batterie d'obusiers établie au couronnement du glacis des demi-bastions de droite ; ils poussèrent aussi un boyau , suivant le contour de la hauteur , afin d'y placer du monde pour soutenir l'unique pièce qu'on eut pû établir vis-à-vis le flanc qui défendait le passage du fossé. Le terrain était tout à l'avantage de l'assiégé ; aussi l'artillerie française ne parvint-elle que par une constance et des efforts inouis, à placer un obusier dans ce logement rétréci et prolongé par le bastion.

Les travaux de la basse Vistule , devenus plus intéressans depuis l'arrivée des Russes , furent continués avec activité ; cinquante hommes de la grande redoute **E** se réunirent aux sapeurs pour terminer la communication en arrière , et l'on planta la palissade sur les trois quarts de la gorge ; quatre-vingts hommes de la garde de Paris , réunis aussi aux mineurs, détruisirent les abris qu'offraient les chemins couverts de l'ennemi , et renforcèrent le parapet opposé à la place.

Divers mouvemens opérés dans la soirée par les Russes dans le camp retranché de Newpharwassen , donnaient à penser que leur dessein était d'attaquer le lendemain ; en conséquence , le maréchal Lefebvre avait donné ordre aux généraux de faire garnir toutes les redoutes et de se tenir prêts à combattre à une heure après minuit. On ne tarda pas à reconnaître toute la sagesse de cette mesure. Le 15 mai, à 4 heures du matin, les Russes engagèrent la canonnade ; les deux armées étaient ainsi disposées :

Les troupes du général Schramm se trouvaient dans le Nehring ; les Polonais tenaient la gauche et s'appuyaient à la redoute ; au centre se trouvait un bataillon saxon ; deux autres bataillons de la même nation, incomplets, formaient la droite ; quatre compagnies du 12e. régiment d'infanterie légère formaient la réserve et étaient placées en arrière du centre ; une autre compagnie du même régiment était sur les bords de la mer avec un escadron du 19e. régiment de chasseurs à cheval ; quatre compagnies de la légion du Nord et la cavalerie polonaise étaient en observation, et faisaient l'intermédiaire entre les troupes du général Schramm et celles du général Gardanne, qui se tenait en mesure aux redoutes de Heubaden contre une sortie de la ville par le passage de Fechz.

Le maréchal Lefebvre, avec les troupes de siége, restait dans les ouvrages, et se tenait prêt à repousser la sortie ou à porter des secours s'il en était besoin.

Le maréchal duc de Montebello et le général Oudinot, sur la gauche de la basse Vistule, attendaient, pour marcher avec leurs troupes, que le danger se manifestât. Ils venaient pour aider les assiégeans , et non pour leur enlever l'honneur de la victoire.

Le général ennemi Kaminski était sorti de Weichselmunde sur quatre colonnes : la première, formant la droite , se porta à la droite du bois; la deuxième et la troisième se portèrent au centre ; et la quatrième, restant en réserve sur le bord de la mer, parut destinée à observer le mouvement des deux colonnes du centre et à couvrir leurs derrières ; ces quatre colonnes formaient un effectif de près de douze mille hommes.

Les avant-postes français furent attaqués avec impétuosité à cinq heures du matin , et le combat s'engagea vivement sur la gauche et sur le centre du général Schramm ; le maréchal Lefebvre s'empressa de le faire renforcer par un bataillon du 12e. régiment d'infanterie légère et deux cents Saxons.

Trois fois les Russes se précipitèrent sur les Français, et trois fois ils furent repoussés avec perte, quoiqu'ils eussent tout l'avantage du nombre. Etonnés des prodiges de valeur de cette poignée de braves, que dans leur orgueilleuse confiance ils avaient cru envelopper, les Russes hésitèrent un moment s'ils recommenceraient le combat; enfin , gourmandés par leurs chefs et animés par les coups de plat de sabre que ceux-ci leur distribuaient généreusement , suivant l'usage de leur nation , il s'ébranlent une quatrième fois et reviennent à la charge avec un nouvel acharnement. Le combat devint horrible. Le général Schramm, qui n'ignorait pas que de l'exemple du chef dépend souvent la victoire, se précipite lui-même au milieu des rangs, anime ses soldats par ses vives exclamations, et surtout par le spectacle électrique de son intrépidité, et parvient à faire céder aux Russes quelques pas de terrain. L'arrivée de deux compagnies de la garde de Paris, envoyées par le général Gardanne, ranime encore leur courage et soutient leurs forces presque défaillantes. Les Russes sont de nouveau obligés de reculer; mais soutenus eux-mêmes par toutes leurs réserves, ils résistent à tous les efforts de leurs ennemis, en présentant à la vivacité française l'impassible immobilité des soldats du nord. Cependant le général Schramm commençait à ébranler cette masse vivante, qui tenait ferme derrière son mur de baïonnettes, lorsque les troupes de secours de la grande armée passèrent la basse Vistule, et s'avancèrent sur le champ de bataille. Instruit de la position critique du général Schramm, et des efforts héroïques qu'il ne cesse de faire pour se maintenir, le brave Lannes et l'intrépide Oudinot n'écoutent que leur courage; tous deux se mettent à la tête de leur 1re. brigade, s'élancent au pas de charge, et comme un torrent impétueux, se précipitent au milieu de la mêlée. Le carnage redouble de toutes parts : un boulet tue et renverse le cheval que montait le général Oudinot, et vient effleurer la tête du maréchal Lannes. S'il eût passé quelques lignes plus bas, l'armée française eût perdu deux ans plutôt l'un de ses plus valeureux capitaines (1). Il n'en devient que plus terrible à l'ennemi ; le général Oudinot combat lui-même à pied, et rivalise d'ardeur avec les simples grenadiers. Tant de magnanimité et de vertu guerrière ne devaient point rester sans récompense. Écrasés et culbutés sur tous les points, les Russes rompent enfin cette ligne, qui semblait indestructible ; poursuivis vigoureusement par les vainqueurs, ils fuient en désordre et sont menés, la baïonnette aux reins, jusque sous le canon de Weichselmunde. Le champ de bataille était jonché des cadavres de leurs morts et de leurs blessés, dont le nombre montait à plus de 2000; car on avait combattu de part et d'autre avec tant d'acharnement, qu'on n'avait, pour ainsi dire, point fait de prisonniers. Les Français n'eurent cependant pas plus de 250 blessés et 80 morts, parmi lesquels était le capitaine Pâris l'un des officiers polonais les plus distingués de l'armée. L'énorme différence des morts qui

---

(1) Le maréchal Lannes est mort en 1809, des suites de l'amputation d'une cuisse qu'un boulet lui avait emportée à la bataille d'Essling.

existe entre les deux partis, a été attribuée au feu terrible que l'artillerie légère française dirigea pendant le combat sur les Russes, et plus encore peut-être à leur déroute causée par la charge du maréchal Lannes et du général Oudinot. Tous les militaires savent qu'une armée perd toujours beaucoup plus de monde pendant une déroute que pendant un combat; une colonne russe entière, qui filait le long de la mer pour se sauver, fut détruite à la baïonnette.

Les assiégés, sans que nous puissions en dire le motif, ne firent aucune sortie pendant cette action meurtrière. Les Prussiens, qui, avant l'arrivée de secours, menaçaient sans cesse de détruire l'armée assiégeante, se contentèrent de soutenir les Russes par une vive canonnade. Du haut de leurs remparts délabrés et à demi démolis, ils furent témoins du combat, et virent avec consternation s'évanouir leur dernière espérance, sans avoir osé contribuer à la réaliser.

Français, Saxons, Polonais, s'étaient couverts de gloire, sans aucune différence de nation. Les 2e. et 12e. régimens d'infanterie légère, et celui de la garde de Paris, avaient, par leur intrépidité, donné le temps à la réserve du maréchal Lannes d'arriver. Quatre des aides-de-camp du maréchal Oudinot et un du maréchal Lannes, avaient été blessés à coups de baïonnettes. Reconnu depuis long - temps par une bravoure au-dessus de tout éloge, le général Schramm ne s'était jamais trouvé revêtu d'un commandement aussi important; il avait prouvé qu'il en était digne. Deux aides-de-camp du maréchal Lefebvre, Montalegier et la Poterie, avaient puissamment aidé le général Schramm; le premier avait tracé les dispositions de ses ordres; tous deux les avaient exécutés avec une égale valeur (1).

(1) Après ces noms éminemment glorieux, le maréchal citait avec éloge les noms suivans :

D'Arcantel, chef de bataillon; Chauzane, capitaine, Lebas, lieutenant; Devaux, lieutenant; Fabre, sous-lieutenant; Schret. capitaine; Vinet, sergent-major; Lesileur, carabinier dans le 2e. régiment d'infanterie légère; Cossin, chef de bataillon; Berlier, adjudant major; Armand, capitaine; Villeton, lieutenant; Joliton, sous-lieutenant; Grelet. sergent-major; Colombier, carabinier; Roux, chasseur; Bergeon, voltigeur dans le 12e. régiment d'infanterie légère; Dorrnarowick, major, Krassinx, adjudant major; Glaser, capitaine; Zomez-Kierwiéz, sergent; Zoleiki, soldat dans le 2e. régiment d'infanterie polonaise; Vidal chef de bataillon; Leborgne, capitaine; Trebois, lieutenant; Levasscur, sous-lieutenant dans le régiment de la garde de Paris; Vogel, colonel; Raab, lieutenant de grenadiers; Rothe, grenadier dans les troupes saxonnes; Carrère, capitaine adjoint à l'état-major de l'armée de siége; de Schœnck, volontaire servant près le maréchal Lefebvre; Daubenheim, lieutenant de cuirassiers sax ; Souplet, lieutenant d'artillerie; Zerawietz, chef de bataillon polonais, servant près le général Oudinot; Delachasse, capitaine aide-de-camp du général Puj. ; Verigny, capitaine du 6e. régiment de hussards; Darmagnac, chef d'escadron, servant près le maréchal Oudinot.

Le Maréchal Lefebvre demandait les décorations pour tous ceux de ces braves qui n'avaient point la croix. L'Empereur s'empressa de réaliser le vœu du maréchal, par son décret impérial de Finckenstein, en date du 18 mai.

L'attaque faite par les troupes russes débarquées à Weichselmunde, devait être secondée par celle d'un autre corps venant de Pillau par terre, mais dont l'arrivée se trouva retardée. Les premières étaient déjà battues et poursuivies dans leurs retranchemens, lorsque le corps de Pillau s'ébranla pour se porter dans le Nehring. Il était fort de 4000 hommes, et devait s'emparer des redoutes du Heubaden; mais au premier avis du départ de l'ennemi, le généra Beaumont, aide-de-camp du grand duc de Berg, qui campait à Furstenwerder, avait lui-même prévenu les Prusso-Russes dans le Nehring, les attaqua, les battit, leur fit 100 prisonniers, leur enleva trois pièces de canon avec leurs caissons, et culbuta le reste vers la pointe de l'île.

Pendant que les troupes françaises avaient ainsi repoussé glorieusement l'ennemi sur tous les points, les travaux n'avaient pas été discontinués devant la place : on avait commencé une mine contre le blockhause de la place d'armes rentrante de droite; et dans la nuit qui suivit le combat, on ouvrit plusieurs entrées dans le chemin couvert de la demi-lune et du bastion de droite.

Ces derniers travaux ne furent point troublés par l'assiégé. Le maréchal avait d'ailleurs pris ses mesures pour repousser les Russes de

Weichselmunde, s'ils étaient tentés de faire un second effort. Toutes les troupes avaient ordre de se tenir sous les armes à deux heures du matin ; mais toute la journée du 16 mai se passa sans que l'ennemi osât faire aucun mouvement et sortir de ses retranchemens.

Cependant pour terminer ce siége, dont les opérations devenaient si intéressantes, on sentait le nécessité d'enlever le Hagelsberg de vive force, et pour faciliter la descente des fossés, il fallait faire sauter le blockhause de l'ennemi dans le chemin couvert. Le maréchal donna au génie l'ordre de tenter cette entreprise. L'opération parfaitement exécutée dans la soirée, ne procura cependant pas tout l'effet qu'on en attendait. La mine que l'on fit jouer, était chargée de 400 livres de poudre : le blockhause ne sauta pas, et fut seulement fortement endommagé. L'insuccès de cette opération fut attribué au trop de précipitation qu'on avait mis dans le chargement du fourneau, parce qu'on craignait que l'ennemi n'éventât la mine ; on couronna de suite l'entonnoir, et on commença un autre rameau au fond de l'entonnoir.

Le capitaine du génie, Migneron, attaché à la division de grenadiers, fut tué dans cette circonstance. Migneron était aussi distingué par ses talens dans son arme, que recommandable par ses vertus privées. Le général Oudinot voulut assister à ses obsèques avec tout son état-major. C'était faire de Migneron le plus bel éloge.

L'artillerie commença deux nouvelles batteries, l'une de deux pièces de 6 dans la partie gauche de la seconde parallèle, pour contre-battre les batteries basses de l'ennemi; l'autre d'un obusier dans le couronnement, près l'angle saillant de la demi-lune, pour enfiler la branche gauche de son chemin couvert.

Le pont de radeaux sur la basse Vistule fut enfin achevé, et l'on commença une tête de pont sur la rive gauche.

Le 17 mai, à quatre heures du matin, les assiégés dirigèrent sur les travaux des assiégeans un feu violent d'artillerie et de mousqueterie. En même temps on apercevait sur tous les points des dispositions menaçantes; des pelotons de cavalerie s'avançaient, comme pour charger les avant-postes, sur la rive gauche de la Vistule. Trois colonnes d'infanterie sortaient de Weichselmunde, sans néanmoins quitter les approches du fort; tous ces mouvemens opérés sur terre, semblaient combinés avec ceux de la mer. Un gros bâtiment anglais s'approcha de manière à protéger la côte, près de Newpharwassen, et canonnait par intervalle les postes placés près de la plage. De nombreuses embarcations passaient de la rive gauche à la rive droite ; on n'aperçut cependant que 80 hommes de cavalerie, postés à Weichselmunde. Sans doute les autres avaient fait leur mouvement pendant la nuit. Trois galiotes et un bâtiment suédois à trois mâts, partaient de la rade, et deux autres y rentraient. En un instant toutes les troupes de siége se portèrent sur les points indiqués, et se préparaient à bien recevoir l'ennemi, quand, après quelques heures d'attente, on le vit se retirer, sans avoir osé rien tenter.

A la brèche, les assiégeans redoublèrent d'activité, pour continuer la sape qui devait déboucher sur le chemin couvert de la face du demi-bastion de droite. On poursuivit le travail entrepris à l'entonnoir de la mine, qui devait conduire jusqu'au blockhause de la place d'armes rentrante de droite ; on y plaça [quatre châssis, sans que l'ennemi pût en empêcher par ses contre-mines. Ce travail coûta la vie au lieutenant du génie Tholozé ; ce jeune homme, dont le père et le frère aîné étaient morts au service de leur patrie, était digne de son honorable famille. Trois mineurs furent blessés près de lui.

L'artillerie de l'ennemi avait fait des dispositions pour protéger les tentatives projetées par les troupes. Deux canonniers furent tués, et deux autres blessés ; sept pièces tiraient sur les batteries et dans les ouvrages bas des assiégeans ;

ceux-ci s'empressèrent de diriger contre ces batteries toutes les pièces qui pouvaient les *apercevoir*; le feu des Français devint si fort, que sur le soir les assiégés se virent contraints de cesser le leur.

A sept heures, ils voulurent se venger en faisant une sortie de leurs fossés, sur le couronnement de l'entonnoir, et sur l'obusier placé à l'angle saillant du balcon. Cette sortie réussit d'abord, et l'obusier fut encloué sans aucune résistance, parce que le 72e. régiment, qui venait de relever la tranchée, s'y trouvait pour la première fois, et n'avait aucune habitude de ce genre de service; mais les Français ne tardèrent point à se rallier, et étant revenus à la charge, ils tombèrent sur l'ennemi, et le forcèrent bien vite de rentrer dans la place.

Le 72e. régiment avait été vigoureusement secondé dans cette dernière action par les sapeurs de tranchée. Ces braves firent des prodiges; aussi eurent-ils six hommes blessés et un tué. Une bombe, qui creva l'entrée d'une des galeries de mines, étouffa en outre un mineur et en blessa trois autres. Le sapeur Revinglione, Piémontais, s'étant élancé sur cinq Prussiens qui enclouaient l'obusier, en avait tué deux et avait forcé les trois autres à se retirer. Le lieutenant Marecht, le sergent de mineurs Didier et le sergent Silve du 2e. bataillon, avaient seuls défendu le débouché de l'entonnoir, et réussirent à empêcher l'ennemi d'y pénétrer.

Le 18, après des travaux et des peines infinies, les assiégeans pénétrèrent enfin jusqu'au pied du blockhause que l'ennemi occupait encore, et d'où il pouvait fusiller les travailleurs presqu'à bout portant. On y mit aussitôt le feu avec des fascines goudronnées. Cette dernière opération était d'autant plus facile, qu'on avait fait un approvisionnement considérable de fascines pour le passage du fossé. Il s'en trouvait plus de 2000 de rassemblées dans le couronnement et dans les cheminemens. Les assiégeans s'occupèrent sur-le-champ de faire un débouché blindé pour entrer dans le chemin couvert qui, n'ayant point de traverses, n'offrait aucun moyen de se défiler. Mais l'assiégé dirigea presque aussitôt un feu d'artillerie si terrible, qu'il renversa de nouveau le passage qu'on venait d'ouvrir et culbuta une partie des ouvrages environnans. Il fallut donc recommencer ce qui venait d'être achevé.

Les assiégeans, pendant la nuit qui suivit, commencèrent deux galeries dans le couronnement, avec le projet de déboucher de chacune dans deux rameaux, et de renverser par quatre fourneaux une portion de la contrescarpe dans le fossé et faciliter l'assaut. Cette opération était périlleuse à cause des décharges de mitraille qui ne discontinuaient pas : cependant le caporal Gaucia, aidé

seulement de trois sapeurs et de six hommes d'infanterie, eut le bonheur de réussir. Dans la
crainte que l'ennemi ne se servît encore de son
ancienne mine, et afin de la bouleverser, on jeta
une bombe dans le puits qui y conduisait.

Pendant cette même nuit, l'ennemi ne se ser-
vit que faiblement de son artillerie, tandis que
celle des Français faisait dans la place un ravage
toujours croissant. Les assiégés n'avaient plus
sur le Hagelsberg que deux petites pièces qu'ils
promenaient d'une embrasure à l'autre. Deux
mortiers seulement se trouvaient encore sur le
front, et vers le matin les bombes que l'assiégeant
lançait dans leur direction, les forcèrent encore
à se taire.

Aux travaux de la basse Vistule, sur la rive gauche, les assiégeans avaient continué l'excavation
de la redoute F, et exhaussé le parapet du côté
de la place de la redoute E, dont l'excavation fut
également commencée. Les mineurs disponibles
furent en outre employés à réparer les ponts
et les chemins de l'île d'Holm.

Le 19, il fut fait une reconnaissance des fossés
du Hagelsberg. Les assiégeans, avant de parvenir
sur les bords, avaient espéré que la descente en
serait peu escarpée et par conséquent facile.
Mais l'inspection plus attentive des lieux con-
vainquit que le talu des fossés, quoiqu'en terre,
était extrêmement roide et profond de plus de

27 pieds. On ne pouvait donc tenter d'y descendre avant d'en avoir adouci la pente. C'est pourquoi les mineurs entrèrent de nouveau en galerie, vers le milieu de la face du bastion, et travaillèrent sans relâche à achever ce qu'on n'avait pu faire d'abord.

Les assiégeans commencèrent en même temps une descente dans le fossé du même bastion de droite, et tentèrent également, mais en vain, de brûler et de faire sauter avec des fascines et des tonneaux de poudre, les pallissades de la face de ce bastion et celles de la demi-lune. Peut-être eût-on réussi, si, connaissant d'avance la profondeur du fossé, on l'eût attaqué de plus loin. Mais on s'était pressé d'avancer, dans l'espoir de donner l'assaut sans être obligé de suivre tous les détails d'une attaque régulière. Toutefois cette observation ne doit pas faire accuser d'imprévoyance les officiers du génie ; car l'expérience prouva depuis que, lors même que l'on eût eu une parfaite connaissance des obstacles fournis par les fossés, il eût été impossible de consommer pour les détruire des munitions que leur rareté rendait précieuses, et que d'ailleurs les palissades étant d'une dimension considérable, n'auraient pu être détruites qu'en les battant en brèche à coups de canon, seul moyen d'obtenir des trouées suffisantes ; car les couper avait été reconnu impraticable. On prit donc le seul moyen raisonnable, celui de les déchausser.

Sur le soir un événement important vint animer encore l'ardeur unanime dont les assiégeans ne cessaient de donner des preuves. La *Sans-Peur*, belle corvette anglaise, commandée par le capitaine Strachy, armée de vingt-quatre piè-de canon, et montée par 120 Anglais et 40 Prussiens, tentait un dernier effort pour ravitailler Dantzick. Après s'etre rapprochée de la pointe de l'île, elle essaya de pénétrer dans la place, et malgré les décharges de l'artillerie assiégeante, elle avait dépassé cette pointe, et continuait à voguer à toutes voiles, lorsque le feu des redoutes et de la mousqueterie françaises l'arrêtèrent. Des grenadiers de la garde de Paris se précipitent aussitôt dans le fleuve, ayant de l'eau jusqu'aux aisselles : ils font un feu violent sur le pont, balaient tout ce qui le défendait, et fermes dans leur position aventureuse, quoique exposés à toute l'artillerie ennemie, ils forcent la corvette d'amener, l'abordent presque aussitôt, et restent maîtres de ce beau bâtiment doublé en cuivre et chargé de 50 milliers de poudre, de boulets et d'un grand approvisionnement d'avoine. Parmi les prisonniers faits sur la corvette anglaise, se trouvaient l'aide-de-camp du général Kalkreuth et celui du prince russe Scharbatow, général major employé dans la place, qui furent tous les deux envoyés à l'Empereur, ainsi que les diverses correspondances saisies sur eux, et dont le contenu fournit des renseignemens très-utiles. On trouva aussi sur cette corvette un état de la division anglaise qui croisait de vant Dantzick. Elle consistait en six bâtimens, le *Sussy* de 16 canons, capitaine Chatani ; la *Valeureuse* de 24 canons, capitaine Mongin ; le *Combattant* de 24 canons, capitaine Kaunsie ; le *Faucon*, de de 18 canons, capitaine Sendel, le *Charles* de 18 canons, capitaine Etephone, et enfin la *Sans-Peur*, qui venait ainsi de tomber au pouvoir des Français.

Cette corvette était parfaitement échouée ; cependant les boulets qu'elle avait reçus ne permettaient pas de penser à la remettre à flot ; toutefois les assiégés, qui peut-être ignoraient cette circonstance, et pouvaient d'ailleurs espérer de faire sauter les poudres qu'elle avait à bord, tirèrent sur elle pendant deux jours à boulets rouges. Mais les assiégeans avaient eu la précaution d'en retirer sur-le-champ tout ce qu'elle portait de précieux, et l'ennemi consomma vainement ses munitions ; afin en outre d'empêcher désormais tout autre bâtiment de remonter, on prit le parti de couler la corvette dans l'endroit le plus favorable de la passe.

Le 20 mai, les assiégeans continuèrent les travaux pour la descente du fossé, afin de protéger le passage ; ils pratiquèrent un logement sur le bord de la contre-escarpe ; et malgré tout le feu dirigé sur ce point, ils réussirent, en arrachant 60 palissades, à obtenir une ouverture de 90 à 100 pieds. Ces palissades étaient situées entre les deux passages blindés, et après l'entrée des premières troupes dans le bastion, lors de l'assaut, et lorsque la tranchée du couronnement serait franchie, l'ouverture qu'elles fournissaient devait servir à descendre dans le fossé par un plus large passage.

Les assiégés réussirent de leur côté à mettre le feu à l'épaulement de la descente et du passage du fossé. Pour s'opposer à ces décharges de l'assiégé, trois pièces furent placées dans le flanc du demi-bastion de gauche, et parvinrent à faire taire les batteries ennemies, et donnèrent le temps d'éteindre le feu. L'artillerie française, devenant supérieure, détruisit également une gabionnade que l'assiégé avait élevée sur les parapets de la demi-lune et des bastions du Hagelsberg. Deux officiers prussiens, le capitaine de Roggenback et le major Bousmard, qui, pendant le siége, avait succédé au général Laurenz, furent tués dans cette dernière circonstance. C'était une perte majeure pour les assiégés ; car le général Kalkreuth avait la plus grande confiance dans les talens de Bousmard, qu'il avait lui-même appelé à Dantzick (1).

___

(1) Le major Bousmard était un émigré Français au service de la Prusse.

Capitaine du génie à l'époque de la révolution, il

Cependant le gouverneur multipliait ses moyens de défense, et son ame forte et généreuse semblait se roidir contre les revers à fur et mesure que la situation de la place devenait plus désespérée. Une partie des ouvrages du Hagelsberg étaient détruits; ceux des assiégeans faisaient des progrès rapides, et le comte de Kalkreuth avait trop d'expérience dans l'art des siéges pour ne pas s'apercevoir que le moment était venu où il serait obligé de soutenir un assaut dont l'issue lui paraissait douteuse. Il résolut donc de faire un dernier effort pour tenter de repousser les Français, ou au moins en détruisant leurs ouvrages, retarder l'instant fatal d'une réduction qu'il sentait prochaine.

---

fut nommé en 1789 député de la noblesse du baillage de Bar-le-duc aux états généraux, où il se fit remarquer par ses idées fortes et libérales. Mais bientôt se repentant d'avoir embrassé un parti qui voulait l'anéantissement de la caste nobiliaire, il abandonna la carrière civile pour reprendre son premier état. Employé, en 1792, à la défense de Verdun assiégé par les Prussiens, il suivit ceux-ci lors de leur retraite, et offrit ses services à leur Roi. Il ne paraît pas qu'ils aient été d'abord acceptés. Bousmard occupa ses loisirs à composer un ouvrage intitulé : *Essai général de fortifications, d'attaque et de défense des places.* Cet ouvrage, qui fut goûté du Roi de Prusse, valut enfin à Bousmard le titre de major du génie, qu'il exerça long-temps à Postdam, où il était en garnison. Appelé par le comte de Kalkreuth pour contribuer à la défense de Dantzick, il y déploya des talens et un courage qui lui eussent mérité la gloire la plus pure, s'il n'eût pas porté les armes contre sa patrie. Son fils avait été tué quelques jours auparavant.

Une grande sortie fut ordonnée à cet effet , et les Prussiens l'exécutèrent avec tant de résolution , que les gardes effrayés s'enfuirent et laissèrent l'ennemi se maintenir dans les logemens de contrescarpe, assez long-temps pour pouvoir ren-verser tous les ouvrages de la veille. Ce ne fut qu'avec beaucoup de peine que Lafosse , colonel du 44°. régiment , et Oudot , chef de bataillon du 12°., parvinrent à rallier leurs troupes et à les ramener au combat. Ces deux braves offi-ciers scellèrent de leur sang leur dévouement ; tous deux furent grièvement blessés. Mais les Français , réunis aux sapeurs et mineurs de la garde , avaient enfin repoussé les Prussiens, non sans avoir éprouvé une perte considérable , car l'ennemi se défendait avec courage , et combat-tait vaillamment pour conserver le terrain qu'il venait de conquérir.

Plusieurs traits de valeur rendirent cette journée l'une des plus glorieuses du siége. Les Prussiens voulaient déboucher pour enclouer l'obusier placé à l'extrémité du logement sur le glacis. Le sapeur Alanor s'élance aussitôt; seul il prétend défendre l'obusier, et fait des efforts incroyables pour conserver la pièce intacte. Ac-cablé enfin par le nombre et forcé de se retirer, Alanor opère bravement sa retraite, et échappe aux Prussiens, après avoir renversé, à coups de baïonnette, deux d'entre ceux qui voulaient le faire prisonnier.

Quand les assiégés repoussés précipitaient leur marche rétrograde vers la place, deux vaillans officiers, Bureau, lieutenant de voltigeurs, et Merlin, lieutenant du génie, s'élancèrent à la tête d'une trentaine d'hommes du 12°. régiment d'infanterie légère, par-dessus les parapets, massacrèrent une partie des Prussiens qu'ils purent atteindre, et firent l'autre prisonnière.

Le capitaine Porcher, de la 1re. compagnie du 2°. bataillon de sapeurs, et Brulé, lieutenant de la 8°. compagnie du 4°. bataillon, perdirent la vie dans cette affaire. Ces deux braves officiers devaient être les dernières victimes de cette lutte sanglante si long - temps prolongée.

Le restant de la nuit fut employé à réparer les dégâts faits par l'ennemi dans les logemens. On pénétra jusqu'à la descente blindée du fossé, et on la continua jusqu'au fond du fossé, en s'épaulant contre le flanc.

Le 21 mai, et d'après l'ordre de l'Empereur, une partie des troupes du maréchal Mortier vint renforcer l'armée de siége. Ce puissant secours fournissait enfin les moyens de tenter l'assaut du Hagelsberg, et le maréchal Lefebvre ordonna en conséquence toutes les dispositions nécessaires.

Les préparatifs étaient tous achevés, et l'heure où l'assaut aurait lieu était déjà fixée, lorsqu'un peu avant on s'aperçut que trois grosses pièces de bois, retenues par des cordes sur le talus extérieur de l'escarpe, pouvaient renverser les colonnes d'attaque. On demanda aussitôt un homme de bonne volonté assez courageux pour aller les détacher. Cinquante se présentèrent ; car les braves du 1e. régiment étaient toujours prêts pour de semblables occasions. François Vallé, qui avait déjà prouvé son intrépidité en arrachant des palissades dans le fossé, est préféré. Il s'avance audacieusement au milieu des balles que l'ennemi dirigeait sur lui, exécute heureusement la commission qui lui était confiée ; et revenait triomphant, lorsqu'atteint d'un coup de feu, il tomba aux pieds de ses camarades attendris.

Cependant l'armée, dont l'ardeur était unanime, attendait avec impatience le signal de l'assaut, et déjà officiers et soldats se félicitaient de leur prochaine victoire. Tout-à-coup le bruit se répand que le sang des braves ne sera pas répandu davantage, et qu'on est en pourparler pour une capitulation. Presqu'au même moment le maréchal Lefebvre envoya aux différens corps l'ordre de rentrer dans leurs cantonnemens, en annonçant que l'assaut était différé. Cette dis-

position, qui pouvait arrêter une inutile effu-
sion de sang, affligea cependant les troupes,
qui brûlaient de finir le siége par un coup d'é-
clat; mais, malgré cette envie si naturelle à des
Français de se distinguer, il fallut obéir. Les
soldats et les travailleurs se réunirent donc dans
la tranchée, et pendant la nuit rivalisèrent de
zèle et d'empressement à poursuivre les travaux
du fossé. A trois heures du matin, un nouvel
ordre du maréchal Lefebvre arriva. D'après sa
teneur, on devait cesser sur-le-champ toute espèce de travaux : c'était annoncer que bientôt
Dantzick serait au pouvoir des Français.

En effet, le maréchal Lefebvre, avant d'exécuter un assaut qui pouvait lui faire perdre un
grand nombre de ses compagnons d'armes, avait
voulu tenter une dernière fois les voies de la
négociation. Il avait envoyé en parlementaire
au général Kalkreuth, le colonel du génie Lacoste, aide-de-camp de l'Empereur, officier très-
disposé à seconder de tout son pouvoir les intentions pacifiques du maréchal. Lacoste avait
représenté au gouverneur que sa gloire devait
être satisfaite par sa longue et belle défense,
qu'une résistance plus long-temps prolongée ne
saurait y rien ajouter, puisque bien certaine-
ment elle serait inutile contre un assaut dont
tous les préparatifs étaient arrêtés. Il lui avait

montré tous les malheurs qui pouvaient être la suite d'une trop grande obstination ; les remparts du Hagelsberg renversés, une ville riche et puissante livrée au pillage, et saccagée par des soldats furieux dont il ne serait plus au pouvoir de personne d'arrêter ni même de modérer l'irritation. Enfin, le digne interprète du maréchal avait souvent répété au gouverneur cette belle maxime, que Lefebvre avait toujours à la bouche, et qui devrait être gravée sur tous les drapeaux : « Si les lois de l'honneur sont sacrées, celles de l'humanité ne le sont pas moins. »

Des motifs bien plus puissans encore que ces considérations militaient dans l'esprit du comte de Kalkreuth, pour l'engager à prendre le parti qui lui était présenté depuis long-temps. Dantzick n'offrait plus qu'un spectacle de désolation. Les habitans, réduits à la misère par l'incendie ou le gaspillage de toutes leurs ressources, demandaient à grands cris la cessation de ces horribles fléaux. La garnison elle-même avait épuisé toutes ses provisions. En supposant qu'il pût encore repousser l'assaut dont il était menacé, le général Kalkreuth était sur le point de voir périr de famine le peuple et les soldats qu'il commandait ; mais l'inflexible vieillard, tout en reconnaissant la nécessité d'une capitulation, se montrait intraitable sur les conditions. Les

Français voulaient qu'avant tout le gouverneur s'engageât à faire rendre le fort de Weichselmunde et le camp retranché de Newpharwassen, que la garnison laissât dans la place ses armes et ses chevaux, et qu'elle fût prisonnière jusqu'à parfait échange. Le général prussien répondait qu'ayant perdu depuis long-temps toute communication avec Weichselmunde et Newpharwassen, il ne pouvait point prendre pour eux d'engagement ; que vainqueur des Français à Mayence, en 1793, il n'avait point imposé à la garnison de cette ville des conditions humiliantes, qu'il ne consentirait donc à aucune capitulation qui ne serait point fondée sur les bases de celles de Mayence, et qu'enfin n'ayant aucuns pouvoirs du roi de Prusse et de l'empereur de Russie, il ne pouvait rien prendre sur lui à cet égard.

Il fut impossible aux Français d'amener le général Kalkreuth de se départir de ses prétentions. Nous avouerons même que l'obstination du gouverneur était bien naturelle ; une aussi belle défense que la sienne méritait d'être couronnée par une capitulation honorable. Aussi le maréchal Lefebvre, juste appréciateur des vertus guerrières de son illustre rival, fut-il le premier à consentir à lui accorder cette marque d'estime. Il fit part de la situation des choses à l'Empereur ; il lui représenta que maître de

Dantzick, il le serait bientôt de Weichselmunde et de Newpharwassen, et qu'il serait dangereux de réduire au désespoir une garnison commandée par un aussi brave capitaine que le général Kalkreuth. Napoléon savait lui-même trop bien estimer les bons militaires, pour refuser son assentiment aux motifs allégués par le maréchal Lefebvre. Celui-ci reçut donc l'autorisation d'accorder au général Kalkreuth telles conditions qui lui paraîtraient convenables. Ainsi, le 24 mai, après trois jours de négociations, le général de cavalerie comte de Kalkreuth, gouverneur de Dantzick, et le général de division Drouet, chef de l'état-major du maréchal Lefebvre, arrêtèrent et signèrent la capitulation suivante :

Capitulation de Dantzick.

Après une longue résistance, cinquante-un jours de tranchée ouverte, les circonstances majeures ayant nécessité de traiter de la reddition de la place de Dantzick aux troupes de S. M. l'Empereur des Français, roi d'Italie, et à celle de ses alliés, il a été convenu entre S. Exc. M. le général de cavalerie comte de Kalkreuth, chevalier de l'ordre de l'Aigle-Noir et de l'ordre de Saint-André, et M. le maréchal de division Drouet, commandant de la légion d'honneur et grand'croix de l'ordre royal de Bavière, chef de l'état-major-général du 10°. corps de la grande armée , muni des pouvoirs de S. Exc. M. le maréchal Lefebvre , commandant en chef ledit corps, de la capitulation suivante :

Art. 1er. La garnison sortira le 27 du courant, à neuf heures du matin , avec armes et bagages, drapeaux déployés , tambour battant, mêche allumée , deux pièces du calibre de 6 d'artillerie légère avec leurs caissons , et attelée de six chevaux chaque.

Art. 2. L'excédent des chevaux d'artillerie sera remis au pouvoir de l'armée française.

Art. 3. Les armes de toutes espèces qui excéderont le complet des sous-officiers et soldats sortant , seront remis aux officiers d'artillerie qui seront désignés.

Art. 4. La garnison sera conduite aux avant-postes de l'armée de S. M. le roi de Prusse, à Pillau , en passant par le Nehring, et en cinq jours de marche : les lieux d'étapes seront fixés.

Art. 5. La garnison s'engage à ne pas servir contre l'armée française ni ses alliés pendant une année , à compter de la date de la capitulation. M. le général comte de Kalkreuth , S. A. le prince de Scherbatow et MM. les officiers s'engagent , sur leur parole d'honneur , d'observer le présent article.

Art 6. Le 26 , à midi , le Hagelsberg , les portes d'Oliva , de Jacob et de Neugarten , seront cédées aux troupes de S. M. l'Empereur des

Français et roi d'Italie, et à celles de ses alliés.

Art. 7. Les officiers, sous-officiers et soldats maintenant prisonniers de guerre à Dantzick, soit qu'ils fassent partie des troupes de S. M. l'Empereur ou de celles de ses alliés, seront rendus sans échange.

Art. 8. Pour éviter tout désordre, les troupes de S. M. l'Empereur et celles de ses alliés n'entreront dans Dantzick qu'après le départ de celles prussiennes et russes. Il sera néanmoins établi des gardes aux postes, et un piquet sur la place.

Art. 9. Comme les moyens de transport sont insuffisans pour emmener tous les bagages, il sera accordé un bateau qui se rendra directement à Pillau. Le chargement se fera sous la surveillance d'un officier français nommé à cet effet.

Art. 10. Il sera nommé de part et d'autre des officiers de génie et d'artillerie, pour remettre et prendre possession des objets relatifs à chaque arme, sans oublier les cartes et plans, etc.

Art. 11. Les magasins, les caisses, et généralement tout ce qui appartient au roi, seront remis à l'administration française. Il sera nommé un commissaire chargé d'en faire la remise à la personne munie des pouvoirs de S. Exc. M. le maréchal Lefebvre.

Art. 12. Les officiers prussiens, qui étaient prisonniers sur parole, et qui se sont rendus dans leurs familles habitant Dantzick avant le blocus de la place, pourront y rester en attendant de nouveaux ordres de S. A. S. le prince de Neufchatel, major-général. Néanmoins, pour jouir de cet avantage, ils seront tenus de produire un certificat de **M.** le gouverneur, qui atteste qu'ils n'ont pris aucune part dans la défense de la place.

Art. 13. Toutes les femmes de MM. les officiers et autres, ou personnes civiles, seront libres de sortir de la ville ; il leur sera délivré des passe-ports.

Art. 14. Les blessés et malades seront laissés sous la bienveillance de S. Exc. M. le maréchal Lefebvre ; des officiers et des chirurgiens resteront, tant pour les soigner que pour veiller au bon ordre et pourvoir à leurs besoins. Aussitôt leur rétablissement, ils seront renvoyés aux avant-postes de l'armée prussienne, et jouiront des avantages de la capitulation.

Art. 15. Un contrôle exact de MM. les officiers, sous-officiers et soldats, par régiment, sera remis à S. Exc. M. le maréchal Lefebvre. On comprendra sur un contrôle particulier les militaires restant aux hôpitaux.

Art. 16. S. Exc. M. le maréchal Lefebvre assure les habitans de Dantzick qu'il emploiera tous les moyens pour faire respecter les personnes et les propriétés, et que le plus grand ordre régnera dans la garnison.

Art. 17. Il sera renvoyé, pour servir de garant à l'exécution de la capitulation aux quartiers-généraux respectifs, un officier supérieur.

S. Exc. M. le gouverneur a désigné M. le major de Lestocq.

S. Exc. M. le maréchal Lefebvre a nommé M. l'adjudant commandant Guichard.

Art. 18. La présente capitulation recevra son exécution si, à l'époque du 26 à midi, la garnison n'a pas été secourue. Il est entendu que d'ici à cette époque, la garnison de Dantzick ne pourra faire aucune attaque contre les assiégeans, en supposant le cas où ceux-ci se batteraient au dehors.

Fait à Dantzick, le 24 mai 1807.

Signés, *le général de cavalerie comte de* KALKREUTH, *gouverneur*;
V. ROUQUETTE, *général*;
COLLAMBEGER, *commandant*;
P. SCHERBATOW, *général-major*;
Le général de division, DROUET.

Approuvé par nous, maréchal d'Empire, commandant en chef le 10ᵉ. corps,
Signé, LEFEBVRE.

Cette capitulation, présentée par l'adjudant-commandant Guichard à S. M. l'Empereur et roi, fut approuvée dans son entier, et Napoléon en fut si satisfait, que le 26 mai l'ordre du jour de la grande armée à Fenckensten fut ainsi conçu :

« La place de Dantzick a capitulé, et nos troupes y sont entrées aujourd'hui à midi.

» S. M. témoigne sa satisfaction aux troupes assiégeantes; les sapeurs se sont couverts de gloire.

» *Le prince de* NEUFCHATEL, *major-général*,
» Signé, *maréchal* ALEXANDRE BERTHIER. »

En effet, le 26 mai, en exécution de l'article 6 de la capitulation, et aucun secours n'ayant paru pour dégager la place, les Français prirent à midi possession du Hagelsberg, et des postes d'Oliva, de Jacob et de Neugarten. Il semblait que la populace, dont Dantzick, ainsi que toutes les grandes villes, était remplie, n'attendît que ce signal pour se livrer à tous les excès. Rendue furieuse par la longue famine qu'elle avait eue à supporter, et attribuant tous ses malheurs aux riches de la ville, elle pilla les maisons, les magasins et les manufactures. Il fallut que le le comte de Kalkreuth employât la force et appelât le secours même des Français pour réprimer ces excès qui se prolongèrent pendant toute la nuit (1).

----

(1) C'est l'ouvrage allemand que nous avons déjà cité plusieurs fois qui nous fournit ces derniers détails.....
« Des soldats vagabonds, dit l'auteur, réunis à des filles de mauvaise vie, pillèrent la nouvelle *Backerie* sur les remparts; ils enlevèrent jusqu'à la vaisselle de cuivre qui reparaissait pour la première fois depuis quinze jours. Cette populace fut chassée par de meilleures troupes. Mais pourtant tout fut perdu en farine, pain, etc.....

Le 27 matin, à 9 heures, la garnison de Dantzick fit sa sortie, avec la musique, les drapeaux déployés et mèche allumée, les canons et charrettes de bagage. Les troupes françaises la virent défiler avec les témoignages d'intérêt que les braves ne refusent jamais aux braves. L'aspect du gouverneur surtout excita un attendrissement général. Sa figure calme et noble annonçait la satisfaction d'une conscience qui ne lui reprochait rien, et en même temps le regret de n'avoir pu conserver une place dont il avait reçu la défense. Les troupes prussiennes furent, ainsi qu'il avait été convenu, dirigées par le Nehring et par Pillau. Le Maréchal Lefebvre les fit escorter par un détachement qui reçut l'ordre de les accompagner jusqu'à ce què les dernières colonnes fussent arrivées à leur destination.

Aussitôt que la place eut été évacuée, l'armée de siége y fit son entrée. Le Maréchal Lannes et le général Oudinot donnèrent dans cette circonstance au maréchal Lefebvre un témoignage de

---

« Le désordre était le même dans les magasins et maisons d'approvisionnement, surtout dans les manufactures où se trouvaient de grands amas de toile, manteaux et draps. Beaucoup de ces dégâts furent attribués aux soldats, mais ils étaient réellement l'ouvrage de la populace et des gens de service qui à Dantzick sont très-nombreux et peuvent être comptés pour la plus détestable race. Tout volait et enlevait ce qui pouvait être enlevé : leur fureur de voler s'étendit jusqu'aux palissades et aux piquets des remparts qu'ils arrachèrent et emportèrent dans la ville, etc. »

justice et d'amitié que nous nous empressons de signaler comme l'un des événemens les plus remarquables de ce siége fameux.

Le maréchal Lannes et le général Oudinot pouvaient s'attribuer une portion de la gloire dont le maréchal venait de se couvrir. Si celui-ci avait long-temps supporté tout seul toutes les peines du siége, si par ses talens, et surtout par son intrépidité, il s'était montré le digne commandant d'une armée toute composée de braves gens, il reconnaissait, avec cette franchise qui dénote les ames généreuses, que l'arrivée de ses deux vaillans camarades avait seule mis fin à une lutte trop inégale, dont le succès avait auparavant paru douteux. Le maréchal Lefebvre se fit donc un devoir d'inviter le maréchal Lannes et le général Oudinot, à partager la gloire de la prise de Dantzick, en entrant solennellement avec lui dans la place conquise par tous. » Non, dirent au maréchal ses deux rivaux d'honneur et de délicatesse ; seul vous avez pris Dantzick, et seul vous devez en recueillir le fruit ; nous serions au désespoir si vous nous croyiez capables de vouloir vous retirer la moindre partie d'une gloire acquise au prix de tant d'illustres travaux. » Une lutte généreuse s'engagea entre ces trois grands capitaines ; enfin le maréchal Lannes et le général Oudinot la terminèrent en s'éloignant tous les deux pour aller joindre leur corps d'armée.

Le maréchal Lefebvre fut donc forcé de prendre seul possession de sa belle conquête. Il fit son entrée dans Dantzick à la tête de son état-major en grande tenue, et suivi ou entouré de tous les braves qui avaient pris part au siége. « Ces guerriers, dit l'auteur de la relation allemande que nous avons souvent consulté, portaient tous sur leurs mâles figures, le courage, la santé et la vie ; ils étaient bien habillés et leurs chevaux dans l'état le plus parfait. » Le maréchal donna les ordres les plus sévères pour que la discipline la plus exacte fût gardée dans une ville où il voulait s'assurer l'amour des habitans. Les Dantzickois étonnés de vivre au milieu de leurs vainqueurs avec la même tranquillité dont ils jouissaient dans les plus beaux temps de leur liberté, ne tardèrent pas à s'applaudir d'avoir changé de maître, et le maréchal reçut dans les témoignages multipliés de leur reconnaissance, le plus beau prix de sa victoire.

Cependant, maître de Dantzick, le maréchal ne l'était pas encore du fort de Weichselmunde et du camp retranché de Newpharwassen ; il lui tardait de prendre possession de ces deux postes, afin de pouvoir mettre à la disposition de l'Empereur le 10e. corps de la grande armée. Aussi dès le 26 mai, au moment même où des troupes s'emparaient du Hagelsberg et des différentes portes de Dantzick, il avait envoyé au commandant du fort de Weichselmunde la capitulation suivante :

« Si le général comte de Kalkreuth a été obligé de capituler, et les portes, et les forts de la ville étant maintenant au pouvoir de mes troupes je vous somme de me faire dans les vingt-quatre heures la remise des forts de Weichselmunde et de Newpharwassen. Vous sentirez facilement que toute résistance ne servirait qu'à verser inutilement du sang, et qu'elle ne saurait être d'aucune efficacité contre la réunion de toutes mes forces et de tous mes moyens sur les points que vous commandez. »

Le commandant de Weichselmunde n'ayant fait aucune réponse à cette sommation, le maréchal Lefebvre, avant de l'attaquer, crut devoir lui en envoyer le 27 une seconde, ainsi conçue : « Lorsque je vous ai sommé de me rendre dans les vingt-quatre heures les forts de Weichselmunde et de Newpharwassen, mon intention n'était nullement de remettre jusque-là les négociations ; au contraire, c'était pour les ouvrir de suite. Je vous envoie donc M. le général Aymé pour arrêter ler articles de cette capitulation. J'espère, Monsieur, que, convaincu de l'inutilité d'une défense qui ne pourrait amener aucun résultat avantageux, vous ne me forcerez pas à employer contre vous cette nuit même toutes les forces dont la reddition de Dantzick me permet de disposer. »

Mais l'ennemi qui occupait Weichselmunde

et Newpharwassen n'ignorait pas qu'il avait les moyens de se soustraire à cette sommation. Ses communications avec la mer étaient encore entières. Il en profita pour s'évader pendant la nuit. Les Prussiens et les Russes, que commandait toujours le général Kaminski, s'embarquèrent sur cinquante-un bâtimens de toute grandeur, dont quatre de guerre pour l'escorte. Ils firent route au nord-ouest, ne laissant sur la rade et dans les jetées que sept bâtimens, parmi lesquels se trouvaient deux corvettes anglaises de 22 canons. Les Français prirent possession des forts et s'y établirent.

Dès-lors le maréchal Lefebvre, tranquille sur la situation de la place et maître de tous les environs, fit, suivant l'ordre qu'il en avait reçu de l'Empereur, exécuter le départ de l'armée, et ne conserva dans Dantzick qu'une garnison dont la force fut suffisante en cas de besoin, et ne put cependant se rendre trop incommode aux habitans, dont les ressources avaient été épuisées pendant le siége. Il nomma le général Menard commandant d'armes, et bientôt le général Rapp, nommé par l'Empereur gouverneur de la place, arriva pour recevoir l'autorité des mains du maréchal Lefebvre (1).

____

(1) D'autres que nous diront de quelle manière glorieuse le général Rapp a depuis justifié le choix du

Au bout de quelques jours l'ordre le plus parfait était rétabli dans Dantzick. Tous les différens
services étaient organisés de la manière la plus
satisfaisante pour les habitans. Celui des hôpitaux
sourtout était un modèle en ce genre. Le maréchal continuait de prouver en cela sa constante
sollicitude pour le sort de ses soldats qu'il appelait encore ses camarades , comme aux temps
glorieux de l'égalité républicaine. Le service de
ces hôpitaux était partagé en deux grandes sub-
divisions; l'une consacrée aux malades ou blessés
français , l'autre aux malades ou blessés russes,
prussiens et Dantzickois. A la tête de cette seconde division , le maréchal Lefebvre avait placé
M. Henrischdorff, citoyen aussi recommandable
par ses vertus privées et son grand amour de l'humanité, que par ses talens réels en administration.

La conquête de Dantzick était trop importante pour que l'Empereur ne vînt pas lui-même
honorer cette ville de sa présence. Il s'y rendit
de son quartier général de Fenckenstein , dans les
premiers jours de juin, et fut reçu par les acclama-

---

chef du gouvernement en défendant Dantzick contre
toutes les forces Européennes.

Tous les amis de la gloire militaire de la France
attendent avec impatience le récit du siége de Dantzik
en 1813 et 1814, dont ils savent que s'occupent des
hommes dont la plume n'est pas moins bonne que
l'épée.

tions de tous les habitans enchantés de posséder dans leurs murs le plus grand homme du siècle. Napoléon, pressé par les circonstances, ne fit dans Dantzick qu'un très-court séjour. Après avoir examiné les fortifications et les forts, ainsi que ceux de Weichselmunde et de Newpharwassen, il se rendit de nouveau au château de Fenckenstein, où il se trouvait plus à portée de la grande armée.

Pendant tout le temps qu'avait duré le siége, les corps français, cantonnés sur la Vistule, avaient gardé leurs quartiers d'hiver. Des négociations entamées pour conclure la paix, avaient toutes été infructueuses. Il fallut rentrer dans la lice des combats. Nous regrettons que notre sujet ne nous permette pas d'achever l'histoire d'une campagne qui devait une troisième fois assurer la paix au monde, en plaçant la France au sommet le plus élevé de sa gloire et de sa puissance. C'est, pour un français, une occupation si douce que celle de célébrer les hauts faits de ses braves compatriotes ! Il semble qu'alors on partage leur illustration, et qu'un rayon de cette auréole de gloire qui les entoure, vient éclairer le génie de l'écrivain, et donner à sa plume une énergie inaccoutumée.

Mais les bornes que nous nous sommes imposées, nous arrêtent malgré nous ; qu'il nous suffise de dire que la fin de cette campagne fut

digne en tout de son commencement. La bataille de Friedland ne fut pas moins glorieuse
que celle d'Austerlitz et d'Iéna, et fut plus avantageuse encore à la France, puisqu'elle força son
plus redoutable ennemi, la Russie, à mettre bas
les armes et à implorer l'alliance du grand peuple. La vengeance que les Anglais avaient cru
éviter en rallumant les feux de la guerre sur le
continent, devait enfin tomber sur eux et mettre un terme à leur despotisme commercial. La
paix définitive signée à Tilsit entre la France,
la Russie et la Prusse, fermait à l'Angleterre
tous les ports de l'Europe, et forçait les Anglais de périr, pour ainsi dire, au sein des richesses même, entassées dans leur île, s'ils ne voulaient pas renoncer à l'empire tyrannique qu'ils
exerçaient sur l'Océan, ce commun patrimoine
des peuples.

Par le traité de Tilsit, Dantzick restait sous
l'influence de la France. Napoléon y établit un
gouvernement mixte à peu près semblable à celui de cette même ville, avant quelle devînt possession prussienne. L'histoire dira comment
Dantzick est retombée sous le pouvoir du roi de
Prusse. Toute l'Europe sait déja que la perte de
cette ville ne fut pas moins honorable pour la
France que sa conquête.

F I N.

PIÈCES JUSTIFICATIVES.

Napoléon fut si satisfait de la belle conduite du maréchal Lefebvre, pendant le siége de Dantzick, que pour lui marquer toute sa gratitude, il l'investit, deux jours après l'entrée des Français dans la place, du titre de duc de Dantzick, transmissible à ses descendans. La manière même dont Napoléon décréta cette grande récompense nationale, beaucoup trop prodiguée depuis, est trop honorable pour le maréchal Lefebvre, pour que nous la passions sous silence. Les pièces qui vont suivre feront le complément naturel de notre histoire du siége de Dantzick.

Extrait des Séances du Sénat Conservateur.

Paris, le 11 juin 1807.

Aujourd'hui, à trois heures après midi, en exécution des ordres de S. M. l'Empereur et Roi, son altesse monseigneur le prince archichancelier de l'empire s'est rendu au Sénat.

S. A. S. a été reçue avec le cérémonial ordinaire, et ayant pris séance, a dit :

Messieurs,

Je vous apporte un message de S. M. l'Empereur et Roi et des lettres-patentes données le 28 mai dernier au camp impérial de Fenckenstein.

Ces lettres confèrent le titre héréditaire de duc de Dantzick à M. le maréchal Lefebvre, préteur du Sénat.

Le message ajoute encore à cette haute distinction, par l'exposition noble et touchante des motifs qui l'ont déterminée.

Siége de Dantzick.   11

La carrière militaire de M. le maréchal Lefebvre, depuis long-temps illustrée, sera à jamais mémorable par le siége de Dantzick et par le brillant succès qui l'a terminée.

Sa Majesté ne pouvait récompenser d'une manière plus digne d'elle, d'anciens et de nombreux services, en même temp qu'elle prépare de justes sujets d'émulation à ceux qui doivent un jour succéder à la dignité que M. le maréchal Lefebvre vient de recevoir.

Il a ensuite été fait lecture des pièces suivantes :

Extrait des minutes de la Secrétairie d'État.

En notre camp impérial de Fenckenstein, le 28 mai 1807.

Napoléon, Empereur des Français et Roi d'Italie, nous avons décrété et décrétons ce qui suit :

Le Sénat se réunira le 11 juin dans le lieu ordinaire de ses séances.

Signé, NAPOLÉON.

Par l'Empereur,

Le ministre secrétaire d'état, H. B. MARET.

Extrait des minutes de la Secrétairie-d'État.

En notre camp impérial de Fenckenstein, le 28 mai 1807.

Napoléon, Empereur des Français et Roi d'Italie, nous avons décrété et décrétons ce qui suit :

Notre cousin l'archichancelier de l'Empire présidera le Sénat, qui se réunira le 11 juin dans le lieu ordinaire de ses séances.

Signé, NAPOLÉON.

Par l'Empereur,

Le ministre secrétaire d'état, *signé*, H. B. MARET.

Message de S. M. l'Empereur et Roi.

« Sénateurs, par nos décrets du 30 mars de l'année
» 1806, nous avons institué des duchés pour récom-
» penser les grands services civils ou militaires, qui
» nous ont été ou qui nous seront rendus, et pour
» donner de nouveaux appuis à notre trône, et environ-
» ner notre couronne d'un nouvel éclat.

» C'est à nous à songer à assurer l'état et la fortune
» des familles qui se dévouent entièrement à notre ser-
» vice, et qui sacrifient constamment leurs intérêts aux
» nôtres. Les honneurs permanens, la fortune légitime
» honorable et glorieuse que nous voulons donner à ceux
» qui nous rendent des services éminens, soit dans la
» carrière civile, soit dans la carrière militaire, *contras-*
» *teront avec la fortune illégitime, cachée et honteuse de*
» *ceux qui, dans l'exercice de leurs fonctions, ne cher-*
» *cheroient que leur intérêt*, au lieu d'avoir en vue celui
» de nos peuples, et le bien de notre service : sans doute
» la conscience d'avoir fait son devoir, et les biens atta-
» chés à notre estime, suffisent pour retenir un bon
» Français dans la ligne de l'honneur ; mais l'ordre de
» notre société est ainsi constitué, qu'à des distinctions
» apparentes, à une grande fortune, sont attachés une
» considération et un éclat dont nous voulons que soient
» environnés ceux de nos sujets, grands par leurs talens,
» par leurs services et par leurs caractères, le premier
» don de l'homme.

» Celui qui nous a le plus secondé dans cette première
» journée de notre règne, qui, après avoir rendu des
» services dans toutes les circonstances de sa carrière mi-
» litaire, vient d'attacher son nom à un siège mémora-
» ble où il a déployé des talens, un brillant courage,

» nous a paru mériter une éclatante distinction. Nous
» avons aussi voulu consacrer une époque honorable
» pour nos armes ; et par les lettres-patentes dont nous
» chargeons notre cousin l'archichancelier de vous don-
» ner communication , nous avons créé notre cousin le
» maréchal et sénateur Lefebvre , DUC DE DANTZICK. *Que
» ce titre porté par ses descendans leur retrace les vertus
» de leur père , et qu'eux-mêmes ils s'en reconnaissent
» indignes , s'ils préféraient jamais un lâche repos et
» l'oisiveté de la grande ville aux périls et à la noble
» poussière des camps ; si jamais leurs premiers senti-
» mens cessaient d'être pour la patrie er pour nous !
» Qu'aucun d'eux ne termine sa carrière sans avoir versé
» son sang pour la gloire et l'honneur de notre belle
» France ? Que dans* LE NOM QU'ILS PORTENT ILS NE
» VOIENT JAMAIS UN PRIVILÉGE, MAIS DEVOIRS ENVERS
» NOS PEUPLES, ENVERS NOUS. A ces conditions , notre
» protection et celle de nos successeurs les distinguera
» dans tous les temps.

   » Sénateurs , nous éprouvons un sentiment de satis-
» faction en pensant que les premières lettres-patentes
» qui , en conséquence de notre sénatus-consulte du 14
» août 1806 , doivent être inscrites sur vos registres ,
» constate les services de votre préteur. »

Donné en notre camp impérial de Fenckenstein , le 28
mai 1807.

Signé , NAPOLÉON.

Par l'Empereur,

Le ministre secrétaire d'état, *signé* , H. B. MARET.

Lettres-patentes de S. M. l'Empereur et Roi.

NAPOLÉON, PAR LA GRACE DE DIEU ET PAR LES CONSTITUTIONS DE LA RÉPUBLIQUE, EMPEREUR DES FRANÇAIS : à tout présens et à venir, SALUT.

Voulant donner à notre cousin le maréchal et sénateur Lefebvre, un témoignage de notre bienveillance, pour l'attachement et la fidélité qu'il a toujours montrés, et reconnaître les services éminens qu'ils nous a rendus le premier jours de notre règne, qu'il n'a cessé de nous rendre depuis, et auxquels il vient d'ajouter encore un nouvel éclat par la prise de la ville de Dantzick ; désirant de plus, consacrer par un titre spécial le souvenir de cette circonstance mémorable et glorieuse, nous avons résolu de lui conférer et nous lui conférons, par les présentes, le titre de *duc de Dantzick*, avec une dotation en domaines situés dans l'intérieur de nos états.

Nous entendons que ledit duché de Dantzick soit possédé par notre cousin le maréchal et sénateur Lefebvre, et transmis héréditairement à ses enfans mâles légitimes et naturels par ordre de progéniture, pour en jouir en toutes propriétés, aux charges et conditions, et avec les titres, droits, honneurs et prérogatives attachés aux duchés par les constitutions de l'Empire, nous réservant, si sa descendance masculine, légitime et naturelle venait à s'éteindre, ce que Dieu ne veuille, de transmettre ledit duché à notre choix, et ainsi qu'il sera jugé convenable par nous ou nos successeurs pour le bien ds nos peuples et l'intérêt de notre couronne.

Nous ordonnons que les présentes lettres - patentes soient communiquées au Sénat pour être transcrites sur ses registres.

Ordonnons pareillement qu'aussitôt que la dotation définitive du duché de Dantzick aura été revêtue de notre approbation, l'état détaillé des biens dont elle se trouvera composée, soit en exécution des ordres donnés à cet effet par notre ministre de la justice, inscrit au greffe de la Cour d'appel dans le ressort de laquelle l'habitation principale du duché sera située, et que la même inscription ait lieu au bureau des hypothèques des arrondissemens respectifs, afin que la condition desdits biens résultans des dispositions du sénatus-consulte du 14 août 1806, soit généralement reconnue, et que personne ne puisse en prétendre cause d'ignorance.

Donné en notre camp impérial de Fenckenstein, le 28 mai 1807.

Signé, NAPOLÉON.

Vu par nous archi-chancelier de l'Empire,

Signé, CAMBACÉRÈS.

Par l'Empereur,

Le ministre secrétaire d'état,

Signé, H. B. MARET.

ERRATA.

Page 46, 3e. avant dernière ligne, qui moi dira? *lisez* qui m'aidera? pag. 48, lig. 11, au lieu de Dlettin, *lisez* Stettin;

Même page, ligne 17, au lieu de Puthord, *lisez* Puthod;

Même page, ligne 19, au lieu de Keigenet, *lisez* Kirgener;

Même page, ligne dernière, au lieu de Disca, *lisez* Disce.

De l'Imprimerie de RENAUDIERE, Marché-Neuf, n°. 48, près le Palais de Justice.